ELOGIOS PARA *GRACIA*

«La gracia de Dios (su amor incondicional y su favor inmerecido) es a veces difícil de entender para la gente, aunque cada uno de nosotros tenga desesperada necesidad de ella. Pero en el nuevo libro de Max Lucado, *Gracia*, esta es completamente asequible y comprensible. A través del característico estilo narrativo así como del profundo entendimiento bíblico de Lucado, aprendemos que la gracia de Dios es realmente mucho más de lo que merecemos y también más grandiosa de lo que imaginamos».

—Dr. Charles F. Stanley

«Max Lucado ha mezclado su estilo creativo de escritura con honestidad acerca de cómo él ha experimentado la gracia, la misericordia y el perdón de Dios en sus propios tiempos de fracaso y desesperación. Usted encontrará consuelo a medida que Max hace brillar la luz de la Palabra de Dios, revelando que Jesucristo es realmente la única esperanza que trae paz duradera».

—Franklin Graham, presidente de Samaritan's Purse y de la Asociación Evangelística Billy Graham

«Pocos escritores son mejores que Max Lucado, y ningún tema es mejor que la gracia de Dios».

—Randy Alcorn, escritor de *El cielo* y de *If God Is Good*

«Max nos da ánimo, esperanza y un recordatorio preciso de que la gracia que todos poseemos como seguidores de Jesús debería brindarnos el poder para mover montañas, en lugar de simplemente conformarnos con empujar debiluchos granitos de arena».

—Brad Lomenick, presidente y director ejecutivo de Catalyst

«En su libro *Gracia*, Max Lucado trae a colación una profunda e impactante comprensión de la verdad fundamental de la gracia de Dios».

—Joyce Meyer, maestra bíblica y escritora *best seller*

«Max ofrece una visión bíblica de la gracia de Dios que llega empapada en sudor y con músculos bien desarrollados, una novedad transformadora de vida y, directamente del corazón de Dios, una conducta amable que refina relaciones».

—TIM KIMMEL, AUTOR DE *CRIANZA LLENA DE GRACIA*

«Algunos escritores apuntan a la mente, otros al corazón y una pequeña cantidad al alma. Con su último libro, *Gracia*, Max Lucado alcanza y se refiere a los tres aspectos».

—CAL THOMAS, COLUMNISTA DE *USA TODAY*
Y COLABORADOR DE FOX NEWS

«Si a usted le gustan los escritos de Max Lucado, este probablemente se convertirá en su favorito».

—STEPHEN ARTERBURN, FUNDADOR Y PRESIDENTE DE NEW LIFE
MINISTRIES, ANFITRIÓN DE *NEW LIFE LIVE!* Y ESCRITOR *BEST SELLER*

«No puedo pensar en ningún mensaje más necesario para personas agobiadas en todo el mundo, ni en ningún escritor mejor que Max Lucado para pintar de manera tan gloriosa la esperanza que "Cristo proporciona en usted"».

—LOUIE GIGLIO, CREADOR DE CONFERENCIAS PASSION Y PASTOR DE
PASSION CITY CHURCH

«Durante años Max Lucado ha sido una voz de la gracia en todo el mundo, recordándonos la suprema importancia del gran regalo de Dios».

—MARK BATTERSON, PASTOR DE NATIONAL COMMUNITY CHURCH Y
ESCRITOR *BEST SELLER* DE LA LISTA DEL *NEW YORK TIMES*
DE *THE CIRCLE MAKER*

«Solo puedo imaginar lo que sucedería si nos atreviéramos a agarrar con ambas manos el mensaje de este libro y lo guardáramos cerca de nuestros corazones. Eso cambiaría nuestras vidas, nuestras historias y las vidas de todos aquellos con quienes nos contactamos».

—SHEILA WALSH, AUTORA DE *DIOS AMA A LAS PERSONAS ROTAS*

«Max es un narrador cuyos escritos evocan poderosa introspección. Al leer *Gracia* lo menos que usted puede hacer es dejarse transportar al interior de la paz que provoca el abrazo de ese Dios que todo lo consume. Este es un libro ambicioso que muestra una vez más por qué Max es uno de los escritores más amados, respetados y confiables del cristianismo».

—Dave Toycen, presidente y director ejecutivo de World Vision Canadá

«Nunca me cansaré de leer libros en que Max Lucado desempaca el misterio y la belleza de la gracia. De principio a fin, esta es una celebración de un regalo que es más grandioso de lo que podemos imaginar pero que está a nuestra disposición cada día».

—Jon Acuff, escritor *best seller* de la lista del *Wall Street Journal*, escritor de *Quitter* y *Stuff Christians Like*

«Leer a Max Lucado refiriéndose a la gracia es como oír hablar de dinero a Warren Buffett o de comida a Julia Child... Este es un tema del cual él ha estado enamorado toda la vida».

—John Ortberg, escritor y pastor, Menlo Park Presbyterian Church

«Divina gracia, el hecho de que un Dios perfecto se deleite verdaderamente en personas propensas a equivocarse como yo, es el enjuague de mi teología. Es lo que me atrae hacia Jesús, pero que a veces parece salirse con rapidez de mi alcance. Por eso me *gusta* en gran manera el último libro de Max sobre el tema, *Gracia: Más que lo merecido, mucho más que lo imaginado*; ¡leerlo es prácticamente como ponerle guantes de caucho a mi corazón!»

—Lisa Harper, escritora, maestra bíblica y conferencista de Women of Faith®

«Sigo esperando que Max Lucado escriba un libro menos que sobresaliente. Eso aún no ha sucedido. ¡Este podría ser su mejor obra!»

—Steve Stroope, pastor principal de Lake Pointe Church; y autor de *Tribal Church*

«Quizás fueron los cinco dólares que yo recibía por cada nota excelente en mi libreta de calificaciones. O tal vez el aplauso y la ovación de pie después de la primera vez que canté en público. O bien pudo haber sido el comentario negativo de Simon Cowel en el escenario de *American Idol* cuando no lo impresioné. Fuera lo que fuera, de alguna manera aprendí que un buen desempeño equivale a aceptación. Pero al leer el libro de Max Lucado, *Gracia: Más que lo merecido, mucho más que lo imaginado,* se abre de par en par esa degradada lección de vida en lo que se refiere a mi Padre celestial. El libro debilitó los falsos pero muy arraigados mitos que yo había aceptado e interfirió en ellos, y al final me mejoró. ¡Lo recomiendo!»

—Mandisa, cantante y escritora

«Este libro es uno de los mejores de Max. Sus páginas nos recuerdan que Dios convierte en picadillo nuestros grandes planes de superación personal y los usa para festejar sus mejores planes de gracia en nuestras vidas. Este es un recordatorio de que la gracia no es simplemente un medio para un fin; es el fin. Será la enorme gracia, no nuestros grandes planes, lo que cambiará al mundo».

—Bob Goff, fundador de Restore International;
y autor de *El amor hace*

«Empecé a leer *Gracia* para poder escribir este elogio. Seguí leyendo porque me di cuenta que el libro se escribió para mí. Si necesitas recordar qué es la gracia y para quién es, este libro también se escribió por ti».

—Dave Stone, escritor y pastor, Southeast Christian Church

«¡Gracia no es una palabra blanda! Max me ayudó a abrir los ojos para comprender más profundamente este regalo gratis de Dios, la gracia».

—Colt McCoy, mariscal de campo
de la Liga Nacional de Fútbol Americano

GRACIA

TAMBIÉN POR MAX LUCADO

MAX LUCADO

GRACIA

>> MÁS QUE LO MERECIDO, MUCHO MÁS QUE LO IMAGINADO

GRUPO NELSON
Una división de Thomas Nelson Publishers
Desde 1798

NASHVILLE   DALLAS   MÉXICO DF.   RÍO DE JANEIRO

Editora General: *Graciela Lelli*
Traducción: *Ricardo y Mirtha Acosta*
Adaptación del diseño al español: *Grupo Nivel Uno, Inc.*

ISBN: 978-1-60255-823-6

Impreso en Estados Unidos de América

12 13 14 15 16 BTY 9 8 7 6 5 4 3 2 1

En este trigésimo aniversario de nuestra boda dedico este libro a mi esposa, Denalyn. Eres un regalo de la gracia de Dios en mi vida. Cada alcoba parece vacía si no estás allí.

CONTENIDO

RECONOCIMIENTOS

La gracia es la mejor idea de Dios. ¿Qué rivaliza con la decisión divina de castigar a un pueblo por amor, rescatarlo de manera apasionada, y restaurarlo debidamente? De todas las maravillas del Señor, la gracia es en mi opinión su obra magna. Le sigue la amistad. Los amigos se vuelven mensajeros de la gracia, conductos de la gracia celestial. Quienes necesitamos mucho de la gracia llegamos a valorar a los buenos amigos. Yo los tengo. Muchos de ellos me han mostrado bastante gracia en la redacción de este libro. ¿Podría agradecerles?

A mis editoras, Liz Heaney y Karen Hill: Una vez más ustedes han pulido las asperezas y han rechazado mis tonterías. Han tratado este libro como si fuera suyo, y en muchas maneras lo es. Las aprecio y admiro profundamente.

Al equipo editorial de Thomas Nelson: Su pasión por inspirar al mundo es contagiosa. Me honra ser parte de su equipo. Un reconocimiento especial para Mark Schoenwald, David Moberg, Liz Johnson y Lee Eric Fesko, además de Greg y Susan Ligon.

En un torneo de oratoria colegial en 1973 conocí a mi mejor amigo, Steve Green. Pocas personas me han demostrado más gracia que él y su esposa Cheryl. Gracias a ustedes dos por supervisar este mundo editorial con talento y paciencia.

A Carol Bartley, correctora de texto: Entregarle a usted un manuscrito es como llevar una camisa a la tintorería. Siempre regresa limpia, planchada y lista para usarse. Me sorprende su habilidad, y más aun su espíritu afable.

A Randy y Rozanne Frazee, nuestros compañeros ministeriales de la Iglesia Oak Hills: Ustedes llevan felicidad a todo lugar al que entran. Me siento honrado de conocerlos y servir a su lado.

Un reconocimiento especial a la Iglesia Oak Hills, un invernadero para la gracia. Celebro los años que hemos pasado juntos y espero con ilusión los que nos esperan por delante. Gracias al anciano David Treat por sus oraciones especiales y su presencia pastoral. También agradezco a Barbie Bates por permitirnos a Denalyn y a mí convertir su Solid Rock Ranch en un lugar de retiro para escribir.

A Margaret Mechinus, Tina Chisholm, Jennifer Bowman y Janie Padilla, quienes manejan con maestría tanto la correspondencia, como los asuntos y detalles difíciles. ¡Este barco se hundiría sin ustedes!

Hablando de mantener un barco a flote, David Drury y Brad Tuggle me ayudaron con sus entusiastas puntos de vista y su consejo oportuno a hacer navegar este proyecto a través de algunos aprietos teológicos. Les agradezco en gran manera.

El escrito de este libro coincidió con el fallecimiento de John Stott, quien fue un elocuente campeón de la fe y un enamorado de nuestro Señor. Me sentí y me siento honrado de llamarlo amigo.

También a mis hijas y mi yerno, Jenna, Brett, Andrea y Sara: ¡Su fe y su devoción me sorprenden! ¿Qué mayor gozo podría existir que ver a Dios viviendo en mis hijos? Que ustedes rían, aprendan y amen mucho esto a lo que llamamos vida.

CAPÍTULO 1

LA VIDA MOLDEADA POR LA GRACIA

Mirad bien, no sea que alguno deje de
alcanzar la gracia de Dios.

—HEBREOS 12.15

Cristo vive en mí.

—GÁLATAS 2.20 NVI

Os daré corazón nuevo, y pondré espíritu nuevo
dentro de vosotros; y quitaré de vuestra carne el
corazón de piedra, y os daré un corazón de carne.

—EZEQUIEL 36.26

El cristiano es alguien a quien le ha sucedido algo.

—E. L. MASCALL

Si alguien toca a mi corazón y pregunta: «¿Quién
vive aquí?», yo debería contestar: «Aquí no vive
Martín Lutero, aquí vive el Señor Jesucristo».

—MARTÍN LUTERO

>> LA GRACIA DE DIOS TIENE

CONSIGO ALGO QUE EMPAPA.

ALGO DESENFRENADO. ES

COMO UNA RESACA DE

AGUAS RÁPIDAS Y REVUELTAS

QUE NOS DESCONCIERTAN

POR COMPLETO. LA GRACIA

VIENE TRAS NOSOTROS.

Hace algunos años me sometí a una cirugía cardíaca. Mis latidos del corazón tenían la regularidad de un telegrafista enviando mensajes por clave Morse. En cierto momento se aceleraban. Luego se hacían lentos. Después de varios intentos fallidos por restablecer un ritmo saludable con medicación, mi médico decidió que me debían realizar una ablación por catéter. Así era el plan: un cardiólogo me insertaría dos cables en el corazón a través de una arteria. Uno era una cámara y el otro una herramienta de ablación. Realizar una ablación es cauterizar. Sí, cauterizar, quemar, chamuscar, sellar. Si todo salía bien, el médico, usando sus propias palabras, destruiría las partes de mi corazón que se «estaban portando mal».

Mientras me llevaban al quirófano me preguntó si tenía alguna duda. (No fue la mejor elección de palabras.) Intenté ser gracioso.

—Me va a chamuscar el interior del corazón, ¿verdad?

—Así es.

—Se trata de matar las células que se portan mal, ¿correcto?

—Ese es mi plan.

—Mientras está allí, ¿podría dirigir su pequeño soplete hacia algo de mi codicia, mi complejo de superioridad y mi sentido de culpa?

—Lo siento, eso está fuera de mi alcance —contestó el cirujano, sonriendo.

En realidad así era. El doctor no podía acceder a esos lugares, pero aquello no está fuera del alcance de Dios. Su negocio es cambiar corazones.

Nos equivocaríamos al creer que este cambio ocurre de la noche a la mañana. Pero estaríamos igualmente equivocados si suponemos que nunca ocurrirá ningún cambio en absoluto. Este podría llegar a trancas y chorros: un ajá por aquí, un gran avance por allá. Pero llega. «La gracia de Dios se ha manifestado para salvación a todos los hombres» (Tito 2.11). Las compuertas se han abierto, y el agua está fuera. Solo que nunca sabes cuándo se filtrará la gracia.

¿Podrías usar algo de ella?

- *Tú miras fijamente en la oscuridad*. Tú cónyuge duerme a tu lado. El ventilador de techo gira en lo alto. En quince minutos sonará el despertador y las exigencias del día te sacarán disparado —igual a un payaso que sale de un cañón en un circo de tres pistas— hacia reuniones, jefes y prácticas de fútbol. Por enésima vez te enfrentarás a desayunos, horarios y nóminas... pero con relación a tu existencia, no puedes darle sentido a esto llamado vida. A sus inicios y desenlaces; a cunas, a cánceres, a cementerios, a dudas. El porqué de todo ello te mantiene despierto. Mientras tu cónyuge duerme y el mundo espera, permaneces con la mirada fija en ninguna parte.

- *Pasas las páginas de tu Biblia y echas un vistazo a las palabras*. También podrías estar mirando un cementerio. Sin vida y sepulcral. Nada te conmueve, pero no te atreves a cerrar el libro, no señor. Lidias con la lectura bíblica diaria del mismo modo que perseveras en la oración, la penitencia y las ofrendas. No te atreves a fallar en una acción por temor a que Dios borre tu nombre.

- *Pasas el dedo sobre la foto del rostro de ella* que solo tenía cinco años cuando le tomaste la fotografía. Las mejillas llenas de pecas por el sol del verano, trenzas en el cabello, y aletas en los pies. Eso fue hace veinte años. Quedaron atrás tus tres matrimonios, además de un millón de millas voladas y de correos electrónicos. Esta noche tu hija camina por el pasillo del brazo de otro padre. Dejaste desamparada a tu familia por dedicarte a tu vertiginosa carrera. Y ahora que tienes lo que querías, ya no lo quieres. Oh, si tuvieras otra oportunidad...

- *Escuchas al predicador.* Un tipo rechoncho con papada, calva y un cuello grueso que se desparrama sobre su cuello clerical. Tu padre te obliga a ir a la iglesia, pero no consigue que escuches. Al menos, eso es lo que siempre ha ocurrido. Pero esta mañana escuchas porque el hombre está hablando de un Dios que ama a los hijos pródigos, y te sientes como los de peor clase. Sabes que no podrás mantener en secreto el embarazo por mucho tiempo más. Pronto tus padres se darán cuenta; igual que el predicador. Él dice que Dios ya lo sabe. Te preguntas qué pensará Dios.

El significado de la vida. Los años desperdiciados. Las malas decisiones. Dios responde a la confusión existencial con una sola palabra: *gracia*.

Hablamos como si entendiéramos este término. El banco nos da un período de *gracia*. El político de mala muerte cae en des-*gracia*. Los músicos hablan de una nota de *gracia*. Describimos a una actriz como llena de *gracia*, a una bailarina como a*graciada*. Usamos la palabra para hospitales, bebitas, reyes y oraciones antes de las comidas. Hablamos como si supiéramos qué significa la *gracia*.

Especialmente en la iglesia, la *gracia* adorna las canciones que entonamos y los versículos que leemos. La *gracia* comparte la casa parroquial de la iglesia con sus primos: el *perdón, la fe* y la *comunión*. Los predicadores la explican. Los himnos la proclaman. Los seminarios la enseñan.

Sin embargo, ¿comprendemos realmente la gracia?

He aquí mi corazonada: nos hemos conformado con una gracia temerosa, que ocupa cortésmente una frase en un himno o calza bien en el letrero de una iglesia. Jamás causa problemas ni exige una respuesta. Cuando alguien te pregunta si crees en la gracia ¿cómo decir que no?

Este libro hace preguntas más profundas: ¿Has sido cambiado por la gracia? ¿Conformado por la gracia? ¿Fortalecido por la gracia? ¿Alentado por la gracia? ¿Enternecido por la gracia? ¿Agarrado por el cogote e impactado por la gracia? La gracia de Dios tiene consigo algo que empapa. Algo desenfrenado. Es como una resaca de aguas rápidas y revueltas que nos desconciertan por completo. La gracia viene tras nosotros. Nos reconecta. Desde inseguridad al Dios seguro. Desde colmados de pesar a estar mejor debido a la gracia. Desde el temor a morir a estar listo para volar. La gracia es la voz que nos incita al cambio y que luego nos da el poder para llevarlo a cabo.[1]

Cuando la gracia obra no recibimos de Dios una encantadora felicitación sino un corazón nuevo. Si le entregamos el corazón a

Cristo, él nos devuelve el favor. «Os daré corazón nuevo, y pondré espíritu nuevo dentro de vosotros» (Ezequiel 36.26).[2]

Podríamos llamarlo un trasplante espiritual de corazón.

Tara Storch comprende este milagro más que cualquiera otra persona. En la primavera de 2010 un accidente de esquí cobró la vida de su hija Taylor de trece años. Lo que siguió para Tara y su esposo Todd fue la peor pesadilla de todo padre: un funeral, un entierro, un aluvión de preguntas y lágrimas. Ellos decidieron donar los órganos de su hija a pacientes que los requerían. Pocas personas necesitaban más un corazón que Patricia Winters, a quien el suyo había empezado a fallarle cinco años antes, dejándola demasiado débil como para hacer mucho más que dormir. El corazón de Taylor le brindó a Patricia un nuevo comienzo de vida.

Tara anhelaba solo una cosa: escuchar el corazón de su hija. Ella y Todd volaron de Dallas a Phoenix y fueron a casa de Patricia para oír palpitar el corazón de Taylor.

Tara y la madre de Patricia se abrazaron por un buen rato. Luego Patricia ofreció un estetoscopio a Tara y a Todd.[3] Cuando escucharon aquel ritmo vigoroso, ¿de quién era el corazón que oían? ¿No escuchaban el corazón aún palpitante de su hija? Este moraba en un cuerpo diferente, pero seguía siendo el corazón de su hija. De igual modo, cuando Dios oye nuestros corazones, ¿no escucha el corazón aún palpitante de su Hijo?

Pablo lo expresó así: «Ya no vivo yo, mas vive Cristo en mí» (Gálatas 2.20). El apóstol sentía dentro de sí no solamente la filosofía, los ideales o la influencia de Cristo, sino a la persona de Jesús. Cristo se movía allí. Aún lo hace. Cuando la gracia obra, Cristo entra: «Cristo en vosotros, la esperanza de gloria» (Colosenses 1.27).

Durante muchos años pasé por alto esta verdad. Creía todas las demás preposiciones: Cristo *por* mí, *con*migo, *delante de* mí. Además creía que yo estaba obrando *a la par* de Cristo, *bajo* Cristo, *con* Cristo. Pero nunca imaginé que Cristo estuviera *en* mí.

No puedo culpar a la Biblia por mi deficiencia. Pablo se refiere 216 veces a esta unión. Juan la menciona veintiséis veces.[4] Ellos describen a un Cristo quien no solo nos corteja sino que nos «une» a él mismo. «Todo aquel que confiese que Jesús es el Hijo de Dios, *Dios permanece en él*, y él en Dios» (1 Juan 4.15, énfasis del autor).

Ninguna religión o filosofía hace tal afirmación. Ningún otro movimiento deja entrever la presencia de su fundador *en* sus seguidores. Mahoma no mora en los musulmanes. Buda no habita en los budistas. Hugh Hefner no vive en los hedonistas que van tras el placer. ¿Influencia? ¿Instrucción? ¿Atracción? Puede haber. Pero, ¿habitación? Definitivamente no.

Sin embargo, los cristianos adoptamos esta inescrutable promesa: «Las riquezas y la gloria de Cristo también son para ustedes, los gentiles. Y el secreto es: Cristo vive en ustedes» (Colosenses 1.27 NTV). Cristiano es aquel en quien Cristo se está forjando.

Somos de Jesucristo; le pertenecemos. Pero aun más: *cada vez* somos *más* él. Jesús entra y se apodera de nuestras manos y pies, requiere nuestras mentes y lenguas. Sentimos la reorganización de Dios: los escombros se convierten en algo divino, la incredulidad se transforma en algo hermoso. Él reutiliza malas decisiones y horribles opciones. Poco a poco emerge una nueva imagen. «A los que antes conoció, también los predestinó para que fuesen hechos conformes a la imagen de su Hijo» (Romanos 8.29).

Gracia es tener a Dios como cirujano cardiólogo, abriéndonos el pecho, retirándonos el corazón (envenenado como está con orgullo y dolor) y reemplazándolo con el suyo propio. En lugar de decirnos que cambiemos, él crea el cambio. ¿Nos limpiamos para que él nos acepte? No, él nos acepta y comienza a limpiarnos. El Señor no solo sueña con llevarnos al cielo sino también con traer el cielo dentro de nosotros. ¡Qué determinante es esto! ¿No podemos perdonar a alguien? ¿No podemos enfrentar el futuro? ¿No podemos perdonar nuestro pasado? Cristo sí puede, y está actuando, cambiándonos con agresividad de ser carentes de gracia a vivir conformados por la gracia. Quien recibe dones prodigando dones. Los perdonados perdonan. Hondos suspiros de alivio. Abundantes tropiezos, pero rara vez desesperación.

La gracia se trata completamente de Jesús. La gracia vive porque él vive, obra porque él obra, e importa porque él importa. Jesús puso plazo al pecado y celebró una danza de victoria en una tumba. Ser salvo por gracia es ser salvo por él; no por ideas, doctrinas, credos o membresía en una iglesia sino por el mismo Jesús, quien hará entrar al cielo a todo aquel que le dé la aprobación de hacerlo.

La gracia tampoco tiene lugar en respuesta a un chasquido de dedos, a un cántico religioso, o a un apretón secreto de manos. La gracia nunca será orquestada. No tengo consejos sobre cómo *obtener* gracia. La verdad es que no obtenemos gracia, pero seguramente esta sí nos puede alcanzar. La gracia abrazó el hedor de los pródigos, espantó el odio de Pablo, y promete hacer lo mismo en nosotros.

Si temes haber girado demasiados cheques en la cuenta de la bondad de Dios, si arrastras penas por todos lados como un parachoques destrozado, si experimentas más resoplidos que gozo y descanso, y principalmente si te preguntas si Dios puede hacer algo con el desorden de tu vida, entonces lo que necesitas es gracia.

Asegurémonos que esta obre en tu vida.

CAPÍTULO 2

EL DIOS QUE
SE INCLINA

En esto sabremos que somos de la verdad, y nos sentiremos seguros delante de él: que aunque nuestro corazón nos condene, Dios es más grande que nuestro corazón y lo sabe todo.

—1 JUAN 3.19–20 NVI

Acerquémonos con corazón sincero, en plena certidumbre de fe, purificados los corazones de mala conciencia.

—HEBREOS 10.22

¡Qué gran Dios es aquel que Dios entrega!

—AGUSTÍN

Gracia es Dios amando, Dios inclinándose, Dios llegando al rescate, Dios dándose generosamente en Jesucristo y a través de Jesucristo.

—JOHN STOTT

>> EN LA PRESENCIA DE DIOS,

EN DESAFÍO A SATANÁS,

JESUCRISTO SE LEVANTA

EN NUESTRA DEFENSA.

Las voces la sacaron de la cama.

—¡Levántate, ramera!

—¿Qué clase de mujer crees que eres?

Los sacerdotes abrieron de golpe la puerta del dormitorio, descorrieron las cortinas y quitaron las cobijas. Antes de poder sentir la calidez del sol matutino, ella sintió la vehemencia del desdén de ellos.

—¡Qué vergüenza!

—Patética.

—¡Repugnante!

Apenas tuvo tiempo para cubrirse el cuerpo antes de que la hicieran marchar por las estrechas calles. Perros ladraban. Gallos salían corriendo. Mujeres se asomaban a las ventanas. Madres sacaban del camino a sus hijos. Mercaderes miraban por las puertas de sus tiendas. Jerusalén se convirtió en un jurado que entregaba su veredicto con miradas y brazos cruzados.

Y como si la incursión al dormitorio y el desfile de vergüenza no hubieran bastado, los hombres la metieron violentamente en medio de una clase bíblica matutina.

Y por la mañana [Jesús] volvió al templo, y todo el pueblo vino a él; y sentado él, les enseñaba. Entonces los escribas y los fariseos le trajeron una mujer sorprendida en adulterio; y poniéndola en medio, le dijeron:

Maestro, esta mujer ha sido sorprendida en el acto mismo de adulterio. Y en la ley nos mandó Moisés apedrear a tales mujeres. Tú, pues, ¿qué dices? (Juan 8.2–5).

Los asombrados estudiantes quedaron a un lado de la pecadora. Los acusadores religiosos en el otro. Todos tenían sus preguntas y convicciones; ella arrastraba la estropeada bata casera y tenía corrido el lápiz labial. Los acusadores alardeaban: «Esta mujer ha sido sorprendida en el acto mismo del adulterio». Agarrada en el *mismo* acto. En el momento. En los brazos. En la pasión. Atrapada en el mismo acto por parte del Concilio de Jerusalén sobre Decencia y Conducta. «En la ley nos mandó Moisés apedrear a tales mujeres. Tú, pues, ¿qué dices?»

La mujer no tenía salida. ¿Negar la acusación? La habían atrapado. ¿Pedir clemencia? ¿De quién? ¿De Dios? Los interlocutores de Jesús estaban agarrando piedras y haciendo muecas. Nadie la defendería.

Pero alguien se inclinaría por ella.

«Jesús, inclinado hacia el suelo, escribía en tierra con el dedo» (v. 6). Habríamos esperado que se pusiera de pie, que diera un paso adelante, o incluso que subiera por una escalinata y hablara. Pero en vez de eso se inclinó. Descendió más abajo que todos los demás: los sacerdotes y el pueblo, y hasta la misma mujer. Los acusadores bajaron la mirada sobre ella. Para ver a Jesús debieron mirar aun más abajo.

Él tiene la tendencia a inclinarse. Se agachó para lavar pies, para abrazar a niños. Se inclinó para sacar a Pedro del agua, y para orar en el huerto. Se inclinó ante el madero romano contra el que lo flagelaron. Se agachó para cargar la cruz. La gracia tiene que ver con un Dios que se inclina. Aquí se inclinó para escribir en la tierra.

¿Recuerda la primera ocasión en que los dedos de Jesús tocaron suciedad? Tomó tierra del suelo y formó a Adán. Ahora, mientras tocaba la tierra cocida por el sol al lado de la mujer de la historia, Jesús podría haber revivido el momento de la creación, recordándose de dónde venimos. Los seres humanos terrenales somos propensos a hacer cosas terrenales. Tal vez Jesús escribió en el suelo para su propio beneficio.

¿O para el de ella? ¿Para qué los ojos abiertos se desviaran de la mujer ligera de ropas y recién atrapada que se hallaba en el centro del círculo?

El pelotón se impacientó con el silencioso e inclinado Jesús. «Como insistieran en preguntarle, se enderezó» (v. 7).

El Maestro se irguió por completo hasta que los hombros le quedaron derechos y la cabeza elevada. Se irguió, no para predicar, porque sus palabras serían pocas. No por mucho tiempo, porque pronto volvería a agacharse. No para instruir a sus seguidores, pues no se dirigía a ellos. Se inclinó a favor de la mujer. Se colocó entre ella y la turba enardecida: «El que de vosotros esté sin pecado sea el primero en arrojar la piedra contra ella. E inclinándose de nuevo hacia el suelo, siguió escribiendo en tierra» (vv. 7–8).

Quienes insultaban cerraron la boca. Las piedras fueron cayendo al suelo. Jesús volvió a garabatear. «Ellos, al oír esto, acusados por sus conciencias, salieron uno a uno, comenzando desde los más viejos hasta los postreros; y quedó solo Jesús, y la mujer que estaba en medio» (v. 9).

Cristo no había terminado. Se puso de pie una última vez y preguntó a la adúltera: «¿Dónde están los que te acusaban?» (v. 10).

Vaya, vaya, vaya. Qué pregunta, no solo para ella sino para nosotros, en quienes también se despiertan voces de condenación.

—No eres suficientemente bueno.

—Nunca mejorarás.

—Fallaste... de nuevo.

Las voces en nuestro mundo.

¡Y las voces en nuestras cabezas! ¿Quién es este patrullero de la moral que emite una citación a cada desliz? ¿Quién nos recuerda toda equivocación? ¿Se callará alguna vez?

No. Porque Satanás nunca se calla. El apóstol Juan lo llamó acusador: «Fue lanzado fuera el gran dragón, la serpiente antigua, que se llama diablo y Satanás, el cual engaña al mundo entero; fue arrojado a la tierra, y sus ángeles fueron arrojados con él. Entonces oí una gran voz en el cielo... porque ha sido lanzado fuera el acusador de nuestros hermanos, el que los acusaba delante de nuestro Dios día y noche» (Apocalipsis 12.9–10).

Día tras día, hora tras hora. Incesante e incansable. El acusador hace de la acusación una profesión. A diferencia de la convicción del Espíritu Santo, la condenación de Satanás no produce arrepentimiento o determinación sino solamente remordimiento, y su objetivo es «hurtar y matar y destruir» (Juan 10.10). Hurtar nuestra paz, matar nuestros sueños, y destruir nuestro futuro. Él ha nombrado como ayudantes a una horda de elocuentes demonios, y recluta personas para divulgar el veneno satánico. Amigos sacan a relucir nuestro pasado. Predicadores proclaman toda culpa y nada de gracia. Y los padres, ah, nuestros padres. Poseen una agencia de viajes que se especializa en viajes de culpa. La distribuyen veinticuatro horas al día. Hasta en nuestra edad adulta podemos aún oírles las voces: «¿Por qué no consigues crecer?» «¿Cuándo me vas a hacer sentir orgulloso?»

Condenación... el producto preferido de Satanás. Repetirá el escenario de la mujer adúltera tan a menudo como se lo permitamos, haciéndonos marchar por las calles de la ciudad y arrastrando nuestro nombre por el barro. Nos empuja al centro de la multitud y vocea nuestro pecado:

Esta persona fue sorprendida en el acto de
inmoralidad... estupidez... deshonestidad... irresponsabilidad.

Pero Satanás no tendrá la última palabra. Jesús ha actuado a nuestro favor.

Jesús se inclinó. Tanto como para yacer en un pesebre, trabajar en una carpintería, y dormir en una barca de pesca. Tanto como para codearse con ladrones y leprosos. Tanto como para que lo escupieran, abofetearan y clavaran, y para que lo traspasaran con una lanza. Muy abajo. Tanto como para ser sepultado.

Y luego se levantó. Por sobre la losa de los muertos. Se irguió sobre la tumba de José y exactamente frente al rostro de Satanás. Alto. A gran altura. Se enderezó a favor de la mujer y silenció a sus acusadores, y hoy hace lo mismo por nosotros.

Jesús es «el que también resucitó, el que además está a la diestra de Dios, el que también intercede por nosotros» (Romanos 8.34). Dejemos que esto se asimile por un instante. En la presencia de Dios, en desafío a Satanás, Jesucristo se levanta en nuestra defensa.

Asume el papel de un sacerdote. «Teniendo un gran sacerdote sobre la casa de Dios, acerquémonos con corazón sincero, en plena certidumbre de fe, purificados los corazones de mala conciencia» (Hebreos 10.21–22).

Una conciencia nítida. Un expediente limpio. Un corazón sincero. Libres de acusación. Libres de condenación. No solo por nuestras equivocaciones pasadas sino por las futuras.

«[Jesús] puede también salvar perpetuamente a los que por él se acercan a Dios, viviendo siempre para interceder por ellos» (Hebreos 7.25). Cristo ofrece intercesión sin fin a nuestro favor.

Jesús triunfa sobre la culpabilidad del diablo con palabras de gracia.

Aun estando nosotros muertos en pecados, nos dio vida juntamente con Cristo (por gracia sois salvos), y juntamente con él nos resucitó, y asimismo nos hizo sentar en los lugares celestiales con Cristo Jesús, para mostrar en los siglos venideros las abundantes riquezas de su gracia en su bondad para con nosotros en Cristo Jesús. Porque por gracia sois salvos por medio de la fe; y esto no de vosotros, pues es don de Dios; no por obras, para que nadie se gloríe. Porque somos hechura suya, creados en Cristo Jesús para buenas obras, las cuales Dios preparó de antemano para que anduviésemos en ellas. (Efesios 2.5–10)

He aquí el fruto de la gracia: salvados por Dios, resucitados por Dios, sentados con Dios. Dotados, equipados y comisionados. Adiós a las condenaciones terrenales: *Estúpido. Improductivo. Torpe. Charlatán. Perdedor. Miserable.* Ya no más. Tú eres quien *él* dice que eres: *Espiritualmente vivo. Celestialmente posicionado. Relacionado con Dios. Una valla publicitaria de misericordia. Un hijo honrado.* A esto se le llama gracia: «Cuando el pecado abundó, sobreabundó la gracia» (Romanos 5.20).

Satanás queda sin habla y sin municiones.

«¿Quién acusará a los escogidos de Dios? Dios es el que justifica. ¿Quién es el que condenará? Cristo es el que murió; más aun, el que también resucitó, el que además está a la diestra de Dios, el que también intercede por nosotros» (Romanos 8.33–34). Las acusaciones de Satanás se ahogan y hunden como un globo desinflado.

¿Por qué entonces, decime por favor, aún oímos tales acusaciones? ¿Por qué ahora como cristianos, aún sentimos culpabilidad?

No toda culpa es mala. Dios usa dosis adecuadas de ella para alertarnos en cuanto al pecado. Sabemos que la culpabilidad es dada por él cuando causa «indignación... temor... anhelo... preocupación... disposición para ver que se haga justicia» (2 Corintios 7.11 NVI). La culpabilidad causada por el Señor produce suficiente arrepentimiento para cambiarnos.

La culpa causada por Satanás, por otro lado, produce suficiente remordimiento para esclavizarnos. No permitas que él cierre sus ataduras en ti.

Recuerda que «su vida está escondida con Cristo en Dios» (Colosenses 3.3 NVI). Cuando él te mira, primero ve a Jesús. En el lenguaje chino la palabra para *justicia* es una combinación de dos caracteres: la figura de un cordero y la de una persona. El cordero está en lo alto, cubriendo a la persona. Siempre que el Señor te mira, esto es lo que ve: al perfecto Cordero de Dios cubriéndote. Todo se reduce a esta alternativa: ¿Confías en tu abogado o en tu acusador?

Tu respuesta tiene serias consecuencias. Las tuvo para Jean Valjean. Víctor Hugo nos presenta a este personaje en el clásico *Los miserables.* Valjean entra a las páginas del libro como un vagabundo; como un prisionero de mediana edad, recién liberado, usando pantalones raídos y chaqueta hecha jirones. Diecinueve años en una prisión francesa lo han vuelto rudo y audaz. El hombre ha caminado durante cuatro días en medio del frío de los Alpes del siglo diecinueve al sudeste de Francia, solo para descubrir que en ninguna posada lo reciben y que en ningún mesón le dan de comer. Finalmente toca a la puerta de la casa de un obispo.

Monseñor Myriel tiene setenta y cinco años de edad. Igual que Valjean, el religioso ha perdido mucho. La revolución se ha llevado todos los objetos de valor de su familia, menos algunos cubiertos de plata, un cucharón de sopa, y dos candeleros, también de plata. Valjean le cuenta su historia y espera que el religioso lo rechace. Pero el obispo es amable y le pide al visitante que se siente cerca de la chimenea.

—No tienes que decirme quién fuiste —le explica—. Esta no es mi casa... es la casa de Jesucristo.[1]

Después, el obispo lleva al ex presidiario a la mesa, donde ambos cenan sopa y pan, higos y queso con vino, usando los finos cubiertos de plata del religioso.

El anfitrión le muestra a Valjean una alcoba. A pesar de la comodidad, el ex prisionero no puede dormir. Pese a la amabilidad del obispo, el hombre no puede resistir la tentación. Introduce los artículos de plata en su mochila. El sacerdote duerme durante el robo, y Valjean huye al abrigo de la noche.

Pero no llega lejos. La policía lo captura y lo lleva de vuelta a la casa del obispo. Valjean sabe lo que significa su captura: prisión por el resto de su vida. Pero entonces ocurre algo maravilloso. Antes de que el policía pueda explicar el crimen, el obispo da un paso adelante.

—¡Ah! ¡Aquí estás! Me alegra verte otra vez. ¡No puedo creer que hayas olvidado los candeleros! También están hechos de plata pura... Por favor, llévatelos junto con los tenedores y las cucharas que te regalé.

Valjean está asombrado. El obispo despide a los policías y se vuelve hacia el vagabundo.

—Jean Valjean, hermano mío, ya no le perteneces al mal sino al bien —le dice—. He comprado tu alma. Quité de ella los pensamientos y las acciones malvadas así como el espíritu del infierno, y se la entregué a Dios.[2]

Valjean tiene una alternativa: creerle al sacerdote o creer a su pasado personal. Le cree al cura. Se convierte en alcalde de un pequeño pueblo. Construye una fábrica y da trabajo a los pobres. Se apiada de una madre moribunda, a quien le cría la hija.

La gracia cambió a Valjean. Deja que la gracia también te cambie a ti. No hagas caso a la voz de Satanás. Tú tienes «abogado... para con el Padre» (1 Juan 2.1). Como abogado tuyo, él te defiende y declara a tu favor: «Ahora, pues, ninguna condenación hay para los que están en Cristo Jesús» (Romanos 8.1). ¡Entiende eso, Satanás!

¿No fue ese el mensaje de Jesús para la mujer de nuestra historia?

«¿Dónde están los que te acusaban? ¿Ninguno te condenó?

Ella dijo: Ninguno, Señor.

Entonces Jesús le dijo: Ni yo te condeno; vete, y no peques más». (Juan 8.10–11)

A los pocos minutos el patio quedó vacío. Jesús, la mujer, los acusadores... todos salieron. Pero quedémonos nosotros. Miremos las piedras en el suelo, abandonadas y sin haber sido usadas. Y veamos los garabatos en la tierra. Este es el único sermón que Jesús escribiera alguna vez. Aunque no conocemos las palabras, me estoy preguntando si se parecían a estas:

Aquí obró la gracia.

>> CAPÍTULO 3

OH, DULCE CAMBIO

Jehová, justicia nuestra.

—JEREMÍAS 23.6

Jehová cargó en él el pecado de todos nosotros.

—ISAÍAS 53.6

Jesucristo es lo que Dios hace, y la cruz es donde Dios lo hizo.

—FREDERICK BUECHNER

Cristianismo no es el sacrificio que hacemos,
sino el sacrificio en que confiamos.

—P. T. FORSYTH

>> POR VALIOSO QUE SEA

PROCLAMAR «CRISTO MURIÓ

POR EL MUNDO», AUN MÁS

TIERNO ES SUSURRAR:

«CRISTO MURIÓ POR *MÍ*».

La celda de la cárcel de Barrabás contiene una sola ventana cuadrada como del tamaño de un rostro. El hombre mira a través de ella una vez; solo una vez. Cuando ve la colina de la ejecución se deja caer al suelo, apoyado contra la pared, llevándose las rodillas al pecho. Eso ocurrió hace una hora. Desde entonces no se ha movido.

No ha hablado desde entonces.

Extraño en él. Barrabás ha sido un hombre de muchas palabras. Cuando los guardias llegaron al amanecer para sacarlo de las barracas, alardeó que estaría libre antes del amanecer. En camino a la celda maldijo a los soldados y se burló del César.

Pero desde que llegó no ha pronunciado palabra. Nadie con quién hablar, por una parte. Nada qué decir, por otra. A pesar de todas sus bravuconadas y fanfarronerías, Barrabás sabe que estará crucificado al mediodía, y muerto al anochecer. ¿Qué se puede decir? La cruz, los clavos, la muerte tortuosa... él sabe lo que le espera.

A pocos cientos de metros de esta pequeña celda, en la Fortaleza Antonia, una reunión no muy pequeña de hombres murmura en desaprobación. Líderes religiosos en su mayoría. Una bandada de barbas, túnicas y rostros serios. Cansados e iracundos. En las gradas sobre ellos se halla un patricio romano y un galileo desaliñado. El primer hombre gesticula hacia el segundo, dirigiéndose a la multitud.

«Me habéis presentado a este como un hombre que perturba al pueblo; pero habiéndole interrogado yo delante de vosotros, no he hallado en este hombre delito alguno de aquellos de que le acusáis. Y ni aun Herodes, porque os remití a él; y he aquí, nada digno de muerte ha hecho este hombre. Le soltaré, pues, después de castigarle. Y tenía necesidad de soltarles uno en cada fiesta.

Mas toda la multitud dio voces a una, diciendo: ¡Fuera con este, y suéltanos a Barrabás! (Barrabás había sido echado en la cárcel por sedición en la ciudad, y por un homicidio.) (Lucas 23.14–19)

La última frase explica quién es Barrabás: un rebelde y asesino. Furia en el corazón y sangre en las manos. Insolente. Violento. Buscapleitos. Un exterminador. Es culpable y está orgulloso de ello. ¿Se supone que Pilato, el gobernador romano, trate con gracia a tal individuo? Eso desean los miembros de la multitud. Es más, quieren a cambio que Pilato ejecute a Jesús, un hombre de quien el gobernador declara que no ha hecho «nada digno de muerte».

Pilato no siente lealtad hacia Jesús. El galileo no significa nada para él. Si Jesús es culpable, que lo dejen pagar por su crimen. El gobernador está dispuesto a crucificar a un hombre culpable. Pero, ¿a un inocente?

Jesús podría merecer una reprimenda, incluso unos azotes, pero no la cruz. Pilato hace no menos de cuatro intentos por soltar a Jesús. Les dice a los judíos que resuelvan ellos el asunto (Juan 18.28–31). Le refiere el caso a Herodes (Lucas 23.4–7). Intenta persuadir a los judíos que acepten a Jesús como el prisionero que se libera en la Pascua (Marcos 15.6–10). Ofrece un arreglo: flagelación en vez de ejecución (Lucas 23.22). Pilato hace todo lo posible por soltar a Jesús. ¿Por qué? «No hallo en él ningún delito» (Juan 18.38).

Con estas palabras el gobernador se convierte en un teólogo involuntario. Él fue el primero en manifestar lo que Pablo escribiría después: Jesús «no cometió pecado alguno» (2 Corintios 5.21 NVI). De igual valor a que Jesús caminara en el agua, resucitara muertos, y curara leprosos, es esta gran verdad: él nunca pecó. No es que no pudiera pecar, sino que no pecó. Pudo haber partido el pan con el diablo en el desierto, o roto filas con su Padre en Getsemaní. «[Jesús] fue tentado en todo según nuestra semejanza, pero sin pecado» (Hebreos 4.15).

Él fue el modelo de Dios para el ser humano. Siempre honesto en medio de la hipocresía. Implacablemente amable en un mundo de crueldad. Enfocado en lo celestial a pesar de innumerables distracciones. En cuanto al pecado, Jesús nunca tuvo que ver algo con él.

Nosotros en cambio nunca hemos dejado de pecar. Estamos «muertos en... delitos y pecados» (Efesios 2.1). Somos «lo que se había perdido» (Lucas 19.10), estamos perdidos (Juan 3.16), «bajo el castigo de Dios» (Juan 3.36 NVI), «cegados» (2 Corintios 4.3–4), y «alejados de la ciudadanía de Israel y ajenos a los pactos de la promesa, sin esperanza y sin Dios en el mundo» (Efesios 2.12). No tenemos nada bueno que ofrecer. Nuestras buenas obras son «basura» y «trapos de inmundicia» ante un Dios santo (Filipenses 3.8; Isaías 64.6 NVI). Simplemente deberíamos llamarnos Barrabás.

O llamarnos «pecadores». John Newton lo hizo. ¿Recuerdas tú la letra del famoso himno de Newton? « Sublime gracia del Señor, que a mí *pecador* salvó».

Tales palabras parecen muy anticuadas. El pecado siguió el camino de pelucas empolvadas y pantalones bombachos. En realidad en esta época moderna nadie es malvado, ¿verdad? Equivocado, malcriado, desafortunado, adicto, inadecuadamente entrenado para dejar de usar pañales, pero ¿pecador? Usted exageró el caso, Sr. Newton.

¿O no? Lea un párrafo de la definición de Jesús en cuanto al pecado:

> Un hombre noble se fue a un país lejano, para recibir un reino y volver. Y llamando a diez siervos suyos, les dio diez minas, y les dijo: Negociad entre tanto que vengo. Pero sus conciudadanos le aborrecían, y enviaron tras él una embajada, diciendo: No queremos que este reine sobre nosotros. (Lucas 19.12–14)

Pecar es declarar: «Dios, no quiero que reines sobre mí. Prefiero un reino sin rey. O mejor aún, un reino en el cual yo sea el rey».

Imagina que alguien te hiciera lo mismo a ti. Supón que te vas a un largo viaje y dejas tu residencia bajo la supervisión de un cuidador, a quien le confías todas tus posesiones. Mientras estás fuera, este individuo se muda a tu casa y aduce que esta le pertenece; coloca el nombre de él en el buzón, y se apropia de todas las cuentas. Coloca los pies sucios sobre la mesa de centro e invita a amigos a dormir en la cama. Rechaza la autoridad tuya y te envía este mensaje: «No vuelvas. Ahora yo soy quien maneja las cosas».

La palabra de la Biblia para esto es *pecado*, el cual no es una lamentable equivocación o un tropezón ocasional, sino que escenifica un golpe de estado contra el régimen de Dios; toma por asalto el castillo, reclama el trono de Dios, y desafía la autoridad divina. El pecado grita: «Quiero dirigir mi propia vida, ¡muchas gracias!» Le dice a Dios que se vaya, que desaparezca, y que no vuelva. El pecado es insurrección de primer orden, y tú eres un insurrecto. Yo también. Lo es todo aquel que ha respirado en este mundo.

Una de las acusaciones más duras de la humanidad se halla en Isaías 53.6: «Todos nosotros nos descarriamos como ovejas, cada cual se apartó por su camino». El camino tuyo podría ser intoxicación, el mío podría ser acumulación, el de otra persona podría ser estimulación sensual o autopromoción religiosa, pero todo ser humano ha intentado recorrer su propio camino sin Dios. No es que solo *algunos de nosotros* nos hayamos rebelado. Todos lo hemos hecho. «No hay justo, ni aun uno; no hay quien entienda, no hay quien busque a Dios. Todos se desviaron, a una se hicieron inútiles; no hay quien haga lo bueno, no hay ni siquiera uno» (Romanos 3.10–12).

Esta es una verdad impopular pero básica. Toda nave que va a parar a la orilla de la gracia zarpa desde el puerto del pecado. Debemos comenzar donde Dios empieza. No apreciaremos lo que la gracia logra hasta que comprendamos quiénes somos. Somos rebeldes. Somos Barrabás. Así como él, merecemos morir. Nos rodean cuatro paredes de prisión, engrosadas con temor, dolor y odio. Estamos encarcelados por nuestro pasado, por nuestras malas decisiones, y por nuestra altiva soberbia. Hemos sido hallados culpables.

Nos hallamos sentados en el suelo de la inmunda celda, esperando el momento final. Los pasos de nuestro verdugo resuenan contra los muros de piedra. Con la cabeza entre las rodillas, no levantamos la mirada mientras él abre la puerta; ni siquiera levantamos los ojos cuando empieza a hablar. Sabemos lo que va a decir:

—Llegó la hora de pagar por tus pecados.

Pero oímos algo más.

—Eres libre para irte. Jesús llevó tus pecados en lugar de ti.

La puerta se abre.

—¡Fuera! —espeta el guardia.

Entonces nos hallamos en medio de la luz del sol matutino, sin cadenas, los crímenes perdonados, preguntándonos: *¿Qué ha ocurrido?*

Ha ocurrido la gracia.

Cristo se llevó nuestros pecados. ¿A dónde se los ha llevado? A lo alto de una colina llamada Calvario, donde no solamente soportó los clavos de los romanos, las burlas de la turba, y la lanza del soldado, sino también la ira de Dios.

Satura tu corazón en esto, el mejor resumen del más grande logro del Señor: «Por su gracia son justificados gratuitamente mediante la redención que Cristo Jesús efectuó. *Dios lo ofreció como un sacrificio de expiación* que se recibe por la fe en su sangre, para así demostrar su justicia. Anteriormente, en su paciencia, Dios había pasado por alto los pecados» (Romanos 3.24–25 NVI, énfasis del autor).

El Señor no pasó por alto nuestros pecados, para no avalarlos. No nos castigó, para no destruirnos. En lugar de eso halló una manera de castigar el pecado y preservar al pecador. Jesús llevó nuestro castigo, y Dios nos concedió crédito debido a la perfección de Jesús.

No se nos dice cuál fue la primera reacción de Barrabás ante el regalo de la libertad. Quizás lo despreció por orgullo o lo rechazó por vergüenza. No sabemos. Pero sí podemos decidir qué hacer con nuestro regalo. Podemos personalizarlo.

Mientras la cruz sea el regalo de Dios para el mundo, esta verdad nos tocará pero no nos cambiará. Por valioso que sea proclamar: «Cristo murió por el mundo», aun más dulce es susurrar: «Cristo murió por *mí*».

«Murió por *mis* pecados».

«Tomó *mi* lugar en la cruz».

«Llevó *mis* pecados, la dureza del corazón que siento hoy día».

«Mediante la cruz *me* reclamó, *me* limpió y *me* llamó».

«Sintió *mi* vergüenza y pronunció *mi* nombre».

Sé tú el Barrabás que dice: «Gracias». Gracias a Dios por el día en que Jesús tomó el lugar tuyo, amigo lector, por el día en que la gracia obró a tu favor.

>> CAPÍTULO 4

TÚ PUEDES DESCANSAR AHORA

La promesa viene por la fe, a fin de que por la gracia
quede garantizada para toda la descendencia.

—ROMANOS 4.16 NVI

Un hombre cuyas manos están llenas de
paquetes no puede recibir un regalo.

—C. S. LEWIS

La única función de la fe es recibir lo que la gracia ofrece.

—JOHN STOTT

>> NUESTROS MÉRITOS NO

MERECEN NADA. LA OBRA DE

DIOS LO MERECE TODO.

Tú estás cansado, y la *fatiga* no es una palabra extraña. Conoces demasiado bien su fruto: ardor en los ojos, hombros caídos, espíritu sombrío, y pensamientos mecánicos. Estás cansado.

Estamos cansados. Un pueblo cansado. Una generación cansada. Una sociedad cansada. Competimos. Corremos. Las semanas laborales avanzan pesadamente como inviernos árticos. Las mañanas de lunes aparecen en las noches de domingo. Transitamos nuestro camino a través de largas filas e interminables horas con rostros que se han estirado debido a las prolongadas listas de cosas por hacer, artículos que debemos comprar, o personas a las que tratamos de complacer. Césped que cortar. Maleza que arrancar. Dientes que limpiar. Pañales que cambiar. Alfombras, niños, canarios... todo requiere nuestra atención.

El gobierno quiere más impuestos. Los hijos quieren más juguetes. El jefe, más horas. El colegio, más voluntarios. El cónyuge, más atención. Los padres, más visitas. Y la iglesia, ah, la iglesia. ¿Mencioné la iglesia? Servir más. Orar más. Asistir más. Hospedar más. Leer más. ¿Y qué podemos decir? La iglesia habla de parte de Dios.

Cada vez que nos tomamos un respiro, alguien más necesita algo más. Un capataz exige un nuevo ladrillo para la nueva pirámide.

«¡Revuelve ese barro, hebreo!»

Sí, allí está. La contraparte antigua tuya. El esclavo de Egipto, con taparrabos, espalda desnuda, encorvado y con los hombros arqueados, apilando ladrillos. ¡Ni qué hablar de cansancio! Negreros restallando látigos y gritando órdenes. ¿Por qué razón? Para que Faraón con su ego del tamaño del Nilo pudiera jactarse de otra pirámide, aunque sus dedos nunca desarrollaron un callo ni levantaron un atado de paja.

Pero entonces Dios intervino: «Yo soy JEHOVÁ; y yo os sacaré de debajo de las tareas pesadas de Egipto, y os libraré de su servidumbre, y os redimiré con brazo extendido, y con juicios grandes» (Éxodo 6.6).

¡Y sí que lo hizo! Abrió el mar Rojo como se abre una cortina y lo cerró como se cierran las fauces de un tiburón. Convirtió al ejército de Faraón en carnada y a los hebreos en miembros fundadores de la Tierra de No Más. No más ladrillos, lodo, mezcla y paja. No más trabajo forzado sin sentido y abrumador. Fue como si todo el cielo gritara: «¡Pueden descansar ahora!»

Así lo hicieron. Un millón de pares de pulmones respiraron. Descansaron. Por casi media pulgada. Esa es la cantidad de espacio entre Éxodo 15 y 16. El tiempo entre esos dos capítulos es aproximadamente de un mes. En algún lugar de esa media pulgada, de esa brecha de un mes, los israelitas decidieron que querían volver a la esclavitud. Se acordaron de los manjares de los egipcios. Tal vez no era más que un guiso de huesos, pero la nostalgia no es rigurosa en cuanto a los detalles. Así que le dijeron a Moisés que deseaban regresar a la tierra de trabajo, sudor y espaldas ampolladas.

¿Cuál fue la respuesta de Moisés? «¡Qué tontos son ustedes! ¡Hasta parece que estuvieran embrujados!» (Gálatas 3.1 TLA).

Lo siento, me equivoqué. Esas son palabras de Pablo, no de Moisés. Palabras para cristianos, no para hebreos. Del Nuevo Testamento, no del Antiguo. Siglo primero A.D., no siglo trece A.C. Sin embargo, comprensible error, puesto que los cristianos de la época de Pablo se estaban comportando como los hebreos de la época de Moisés. Unos y otros habían sido redimidos, pero dieron la espalda a la libertad.

La segunda redención eclipsó a la primera. Dios no envió a Moisés sino a Jesús. No derrotó a Faraón sino a Satanás. No lo hizo con diez plagas sino con una sencilla cruz. El mar Rojo no se abrió, pero sí la tumba, y Jesús guió a la tierra de No Más a todo aquel que quiso seguirlo. No más guardar la ley. No más luchar por la aprobación de Dios. «Ahora pueden descansar», les dijo.

Y lo hicieron. Durante catorce páginas, lo cual en mi Biblia es la distancia entre el discurso de Pedro en Hechos 2 y la reunión de la iglesia en Hechos 15. En el primero se predicó la gracia. En la segunda se la cuestionó. No es que no creyeran en la gracia. Creían en ella. Creían mucho en la gracia. Solo que no solamente creían en la gracia. Querían añadir algo a la obra de Cristo.

Los «mucha gracia» creen en la gracia, muchísimo. Sostienen que Jesús casi concluyó la obra de salvación. En el bote de remos llamado *Rumbo al Cielo*, Jesús rema casi todo el tiempo. Pero de vez en cuando necesita nuestra ayuda. Así que se la damos. Amontonamos buenas obras del modo en que los Niños Exploradores acumulan medallas al mérito en una banda.

Yo guardaba mis medallas en un gancho en mi clóset, no para ocultarlas sino para poder verlas. Ninguna mañana era completa sin un satisfactorio vistazo a este fajín de realización. Si obtuviste alguna vez una banda de medallas al mérito de Niños Exploradores comprendes el afecto que yo sentía.

Cada emblema ovalado recompensaba mi esfuerzo. Atravesé remando un lago para ganar la medalla de canoa, nadé a lo largo de piscinas para ganar la medalla de natación, y tallé un tótem para obtener la medalla de trabajo en madera. ¿Podría alguna cosa ser más gratificante que ganar medallas al mérito?

Sí. Mostrarlas. Lo cual yo hacía todos los jueves cuando los Niños Exploradores usaban los uniformes de primer ciclo de secundaria. Yo avanzaba por el campus a pasos agigantados como si fuera el rey de Inglaterra.

El sistema de medallas al mérito pone la vida en orden. Los logros dan como resultado compensación; los logros reciben aplausos. Los muchachos me envidiaban. Las chicas se derretían. Mis compañeras de clase se las arreglaban para mantener quietas las manos solo en virtud de extremo dominio propio. Yo sabía que en su fuero íntimo ellas deseaban pasar un dedo por mi galardón señalador y pedirme que deletreara sus nombres en alfabeto Morse.

Me convertí en cristiano más o menos al mismo tiempo en que me volví Niño Explorador, y supuse que Dios califica mediante un sistema de méritos. Los buenos exploradores ascienden. Las personas buenas van al cielo.

Así que decidí acumular muchas medallas espirituales. Una Biblia bordada para lectura bíblica. Manos juntas para orar. Un niño durmiendo en la banca para asistir a la iglesia. En mi imaginación, ángeles cosían febrilmente emblemas a mi favor. Apenas lograban mantener el ritmo con mi rendimiento y se preguntaban si un fajín sería suficiente. «¡Ese chico Lucado me está haciendo fatigar los dedos!» Yo trabajaba para el día, el grandioso día, en que en medio de una lluvia de confeti y querubines danzando, Dios me pondría el fajín lleno de medallas a través del pecho y me daría la bienvenida a su reino eterno, donde yo humildemente podría exhibir mis medallas por toda la eternidad.

Sin embargo, surgieron algunas preguntas espinosas. Si el Señor salva a las personas buenas, ¿cuán bueno es «bueno»? Dios espera integridad en cuanto a lo que hablamos, ¿pero cuánta? ¿Cuál es el porcentaje permitido de exageración? Supongamos que el puntaje requerido es ochenta, y yo obtengo setenta y nueve, ¿cómo sé cuál es mi puntuación?

Busqué el consejo de un ministro. Sin duda él me ayudaría a contestar la pregunta: ¿Qué tan bueno es bueno? El hombre lo hizo, con una palabra: «Hacer». Hacer mejor. Hacer más. Hacer ahora. «Haz lo bueno, y estarás bien». «Haz más, y serás salvo». «Haz lo correcto, y todo te saldrá bien».

Hacer.

Ser.

Hacer. Ser. Hacer.

Hacer-ser-hacer-ser-hacer.

¿Familiarizado con la tonada? Quizás lo estés. La mayoría de las personas adoptan la suposición de que Dios salva a la gente buena. ¡Así que seamos buenos! Seamos morales. Seamos honestos. Seamos decentes. Recemos el rosario. Guardemos el sábado. Cumplamos las promesas. Oremos cinco veces al día mirando hacia el este. Mantengámonos sobrios. Paguemos los impuestos. Obtengamos medallas al mérito.

No obstante, con toda esa cháchara acerca de ser buenos, aún nadie puede contestar la pregunta fundamental: ¿Qué nivel de bondad es suficientemente bueno? Extraño. En juego está nuestro destino eterno, sin embargo nos preocupamos más por la receta para preparar una lasaña que por los requerimientos de ingreso al cielo.

Dios tiene una mejor idea: «Porque por gracia sois salvos por medio de la fe; y esto no de vosotros, pues es don de Dios» (Efesios 2.8). Contribuimos con nada. Nada de nada. A diferencia de la medalla al mérito de los Niños Exploradores, la salvación del alma no se gana. Es un regalo. Nuestros méritos no merecen nada. La obra de Dios lo merece todo.

Este fue el mensaje de Pablo para los «mucha gracia». Imagino el rostro rojo, los puños apretados, y los vasos sanguíneos inflamándose en el cuello del apóstol. «Cristo nos redimió de la maldición de la ley, hecho por nosotros maldición» (Gálatas 3.13). Traducción: «Dile no a las pirámides y los ladrillos. ¡No a las reglas y a las listas! Dile no a la esclavitud y al rendimiento. No a Egipto. Jesús te redimió. ¿Sabes lo que esto significa?»

Aparentemente ellos no lo sabían.

¿Y tú?

Si no lo sabes, yo sé que es debido a tu fatiga. Tú debes confiar en la gracia de Dios.

Sigue el ejemplo de los mineros chilenos. Atrapados debajo de setecientos metros de roca sólida, los treinta y tres hombres estaban desesperados. El derrumbe de un túnel principal les había sellado la salida y los lanzó al estado de sobrevivencia. Comían dos cucharadas de atún, un sorbo de leche y un pedazo de durazno... día por medio. Durante dos meses oraron porque alguien los salvara.

Arriba en la superficie el equipo chileno de rescate trabajaba las veinticuatro horas del día, consultando a la NASA y reuniéndose con expertos. Diseñaron una cápsula de poco más de cuatro metros de largo y taladraron, primero un hoyo de comunicación y luego un túnel de excavación. No había garantía de éxito. Nadie que alguna vez hubiera quedado atrapado bajo tierra por tanto tiempo había vivido para contarlo.

Pero ahora sí.

El 13 de octubre de 2010, los hombres comenzaron a emerger, chocando alegres las manos unos con otros y dirigiendo cánticos de victoria. Un bisabuelo. Alguien de cuarenta y cuatro años que planeaba casarse. Luego un joven de diecinueve años. Todos tenían historias distintas, pero todos habían tomado la misma decisión: confiar en que alguien más los salvara. Nadie devolvió la oferta de rescate con una declaración de independencia: «Puedo salir de aquí por mi cuenta. Solo denme un taladro nuevo». Ellos habían mirado la tumba de piedra por bastante tiempo para llegar a la opinión unánime: «Necesitamos ayuda. Necesitamos que alguien penetre en este mundo y nos saque». Luego, cuando llegó la cápsula de rescate, los mineros treparon.

¿Por qué nos es tan difícil hacer lo mismo?

Nos resulta más fácil confiar en el milagro de resurrección que en el de la gracia. Tememos tanto al fracaso que creamos la imagen de la perfección, no sea que el cielo esté aun más desilusionado de nosotros de lo que nosotros mismos lo estamos. ¿El resultado? Las personas más cansadas de la tierra.

Los intentos de salvación propia no garantizan más que agotamiento. Correteamos y salimos disparados, tratando de agradar a Dios, coleccionando medallas al mérito, anotando puntos y mirando con ceño fruncido a cualquiera que se atreva a cuestionar nuestros logros. Nos llamamos la iglesia con rostros siempre tensos y hombros caídos.

¡Basta ya! De una vez por todas, basta de esta locura. «Conviene que el corazón sea fortalecido por la gracia, y no por alimentos rituales» (Hebreos 13.9 NVI). Jesús no dice: «Vengan a mí todos los perfectos y puros», sino todo lo contrario. «Venid a mí todos los que estáis trabajados y cargados, y yo os haré descansar» (Mateo 11.28).

No hay letra pequeña. No va a ocurrir un segundo acontecimiento. La promesa de Dios no tiene lenguaje oculto. Deja que ocurra la gracia, por amor de Dios. No más actuación para Dios, no más solicitar la atención del Señor. De todas las cosas que debes ganar en la vida, el afecto interminable de Dios no es una de ellas. Tú lo tienes. Estírate en la hamaca de gracia.

Ahora puedes descansar.

>> CAPÍTULO 5

PIES MOJADOS

Sed benignos unos con otros, misericordiosos,
perdonándoos unos a otros, como Dios también
os perdonó a vosotros en Cristo.

—EFESIOS 4.32

Dios concibió el perdón como la única forma de mantener
vivo su romance con la familia humana caída.

—LEWIS SMEDES

Si no transformamos nuestro dolor,
seguramente lo transmitiremos.

—RICHARD ROHR

>> ACEPTAR LA GRACIA

ES ACEPTAR EL JURAMENTO

DE OBSEQUIARLA.

S i las heridas fueran cabellos, todos pareceríamos osos grises. Hasta las bellezas de piel tersa de las revistas, los tranquilos pastores en el púlpito, y la tierna ancianita que vive al lado. Todos ellos. Todos nosotros. Nos habríamos convertido en espantosas bestias peludas. Si las heridas fueran cabellos, estaríamos perdidos detrás de lo tupido de estos.

¿Por qué nos resultan tantas? Tantas heridas. Cuando los niños se burlan de la manera en que tú caminas, esos insultos te hacen daño. Cuando los maestros miran con frialdad el trabajo que has hecho, ese rechazo te hiere. Cuando tu novia te abandona, cuando tu esposo te abandona, cuando la compañía te despide, eso hace daño. El rechazo siempre duele. Tan cierto como que el verano trae sol, la gente produce dolor. A veces de modo deliberado. En ocasiones de forma fortuita.

Victoria Ruvolo puede hablar del dolor fortuito. En una noche de noviembre en 2004 esta neoyorquina de cuarenta y cuatro años conducía a casa en Long Island. Acababa de asistir al recital de su sobrina y estaba lista para el sofá, el calor del fuego, y el relajamiento.

La mujer no recuerda haber visto el Nissan plateado aproximándose por el oriente. No recuerda nada del joven de dieciocho años asomado a la ventanilla y sosteniendo, quién lo iba a decir, un pavo congelado. Lo lanzó contra el parabrisas de ella.

El ave de veinte libras atravesó el vidrio, dobló el volante hacia adentro, y se estrelló contra el rostro de Victoria como un plato de comida sobre concreto. La violenta travesura la dejó luchando por su vida en la unidad de cuidados intensivos. La dama sobrevivió, pero solo después de que los médicos le inmovilizaran la mandíbula, le fijaran un ojo con tejido sintético, y le atornillaran placas de titanio al cráneo. La mujer no se puede mirar al espejo sin un recordatorio de su dolor.[1]

A ti no te ha golpeado un pavo, pero te casaste con uno, trabajas para uno, o te abandonó uno. ¿Hacia dónde te vuelves ahora? ¿Sicarios.com? ¿Jim Beam y amigos? ¿El Servicio de Autocompasión?

Podemos relacionarnos con la reacción de algunos soldados de Estados Unidos en Afganistán. Un miembro del grupo recibió una carta de rompimiento de relación. Quedó devastado. Para colmo de males, su chica le escribió: «Devuélveme por favor mi foto favorita porque me gustaría usarla para mi fotografía de compromiso en el periódico del condado».

¡Ay! Pero sus compañeros llegaron en defensa del hombre. Fueron por todo el cuartel y recogieron fotos de todas las novias de los soldados. Llenaron con ellas toda una caja de zapatos. El despechado soldado envió las fotos por correo a su ex novia con esta nota: «Por favor, encuentra tu foto adjunta y devuélveme las demás. Por mucho que lo intento no logro recordar cuál eras tú».[2]

La represalia tiene su atractivo. Pero Jesús tiene una idea mejor.

Juan 13 registra los acontecimientos de la última noche antes de la muerte del Señor. Él y sus seguidores se habían reunido en el aposento alto para tener la Pascua. Juan comienza su narración con una sublime declaración: «Sabiendo Jesús que el Padre le había dado todas las cosas en las manos, y que había salido de Dios, y a Dios iba» (Juan 13.3).

Cristo sabía el *quién* y el *por qué* de su vida. ¿Quién era él? El Hijo de Dios. ¿Por qué estaba en la tierra? Para servir al Padre. Jesús sabía su identidad y conocía su autoridad, «se levantó de la cena, y se quitó su manto, y tomando una toalla, se la ciñó. Luego puso agua en un lebrillo, y comenzó a lavar los pies de los discípulos, y a enjugarlos con la toalla con que estaba ceñido» (vv. 4.5).

Jesús (presidente, director técnico, rey del mundo, soberano de los mares) lavando pies.

No soy un fanático de los pies. ¿Mirar cara a cara? Lo haré. ¿Estrechar la mano? Con mucho gusto. ¿Pasar un brazo alrededor de los hombros? Feliz de hacerlo. ¿Enjugar una lágrima de la mejilla de un niño? En un santiamén. Sin embargo, ¿frotar pies? Qué absurdo.

Los pies huelen mal. Nadie crea una colonia llamada Pie de Atleta de Clase o Almizcle de Calcetín de Gimnasio. A los pies no se les conoce por su agradable olor. Tampoco lucen bien.

El hombre de negocios no mantiene sobre su escritorio una foto enmarcada de los dedos de los pies de su esposa. Los abuelos no cargan fotos del tobillo hacia abajo de sus nietos. «¿No son esos los arcos más lindos que se hayan visto alguna vez?» Queremos ver la cara, no los pies.

Los pies tienen talones. Tienen uñas en los dedos. Juanetes y hongos. Costras y callosidades. ¡Y verrugas plantares! Algunas tan largas que afean en gran manera. Los pies tienen cinco deditos cada uno más feíto y gordito que el otro. Perdónenme ustedes, gente de la sociedad de podólogos y de plantas de los pies, pero no me cuento entre ustedes. Los pies huelen mal y lucen horribles, lo cual creo que es el punto de esta historia.

Jesús tocó las malolientes y feas partes de sus discípulos. Sabiendo que venía de parte de Dios. Sabiendo que estaba yendo al Señor. Sabiendo que podía arquear una ceja o aclarar la garganta, y que todos los ángeles en el universo se pondrían alerta. Sabiendo que toda la autoridad era de él, del Maestro, cambió su posición por la de siervo, se humilló hasta ponerse de rodillas, y comenzó a frotar la mugre, el polvo y la suciedad que esos pies habían recogido en el viaje.

Esta era la tarea de un esclavo, el trabajo de un siervo. Cuando el amo llegaba de un día de caminar por calles empedradas esperaba un lavado de pies. El siervo de menor rango lo recibía en la puerta con toalla y agua.

Pero en el aposento alto no había siervo. ¿Cántaro con agua? Sí. ¿Palangana y toalla? En la esquina de la mesa. Pero nadie las tocó. Nadie se movió. Cada discípulo esperaba que alguien más estirara la mano hacia el recipiente con agua. Pedro creía que Juan lo haría. Juan creía que Andrés lo haría. Cada apóstol suponía que alguien más lavaría los pies.

Y alguien más lo hizo.

Jesús no excluyó ni a un solo seguidor, aunque no lo habríamos culpado que se saltara a Felipe. Cuando Cristo les pidió a los discípulos que alimentaran a las cinco mil personas hambrientas, Felipe efectivamente había replicado: «¡Imposible!» (ver Juan 6.7). Por tanto, ¿qué hace Jesús con alguien que le cuestiona las órdenes? Aparentemente el Señor lava los pies del que duda.

Santiago y Juan presionaron para obtener posiciones en el reino de Cristo. Por tanto, ¿qué hace Jesús cuando las personas usan el reino de Dios para hacer promoción personal? Desliza una palangana en dirección a ellas.

Pedro dejó de confiar en Cristo en medio de la tormenta. Intentó evitar que el Maestro fuera a la cruz. A las pocas horas el discípulo maldeciría el mismo nombre de Jesús y saldría volando a esconderse. Es más, todos los veinticuatro pies de los seguidores de Jesús saldrían corriendo pronto, dejando solo al Mesías frente a sus acusadores. ¿Se ha preguntado alguna vez lo que hace Dios con quienes incumplen promesas? Les lava los pies.

Y Judas. La rata mentirosa, intrigante y codiciosa que vendió a Jesús al mejor postor a cambio de un puñado de dinero. Cristo no le lavaría los pies, ¿verdad? Sin duda que no. Si le lavara los pies a ese Judas, tú tendrías que lavarle los pies a tu propio Judas. A tu traidor. A tu desadaptado y bellaco lanzador de pavos helados. A ese villano irresponsable y bueno para nada. El Judas de Jesús se alejó con treinta piezas de plata. El tuyo se alejó llevándose la virginidad, la seguridad, el cónyuge, el trabajo, la infancia, la jubilación, las inversiones tuyas.

¿Esperas tú que yo le lave los pies a ese Judas y lo deje ir?

La mayoría de las personas no quiere hacerlo. Usan la foto del villano como un blanco para dardos. Sus volcanes explotan de vez en cuando, enviando odio y contaminantes al aire, y contaminando y derramando mal olor por el mundo. La mayoría de los individuos mantienen una olla de odio hirviendo a fuego lento.

Pero tú no eres «la mayoría de las personas». La gracia ha obrado a tu favor. Mira tus pies. Están mojados y empapados de gracia. Los dedos, los arcos y los talones de tus pies han sentido la fresca palangana de la gracia divina. Jesús te ha lavado las partes más mugrientas de tu vida. Él no te pasa por alto para llevar la cubeta hacia alguien más. Si la gracia fuera un campo de trigo, Jesús le habría dejado en herencia el estado de Kansas. ¿No puedes tú compartir con otros la gracia de él?

«Si yo, el Señor y el Maestro, he lavado vuestros pies, vosotros también debéis lavaros los pies los unos a los otros. Porque ejemplo os he dado, para que como yo os he hecho, vosotros también hagáis» (Juan 13.14–15).

Aceptar la gracia es aceptar el juramento de obsequiarla.

Victoria Ruvolo lo hizo. Nueve meses después de su desastrosa noche de noviembre enfrentó a su agresor en la corte, teniendo la cara atornillada con titanio. Ryan Cushing ya no era el engreído chico que lanzara el pavo desde el Nissan. Estaba temblando, llorando y disculpándose. Para la ciudad de Nueva York el desadaptado social había llegado a simbolizar a una generación de muchachos descontrolados. Ciudadanos atestaron el salón para verle obtener su merecido. Los enfureció la sentencia del juez: solo seis meses tras rejas, cinco años de libertad condicional, algo de consejería, y servicio público.

La sala estalló. Todo el mundo objetó. Todos, menos Victoria Ruvolo. La reducida sentencia fue idea de ella. El muchacho se acercó, y Victoria lo abrazó. A la vista del juez y del auditorio, ella lo agarró firme y le acarició el cabello. Mientras el joven sollozaba, Victoria habló.

—Te perdono. Quiero que tu vida sea lo mejor que pueda ser.[3]

La mujer permitió que la gracia moldeara su reacción.

—El Señor me dio una segunda oportunidad en la vida, y la estoy trasmitiendo —manifestó refiriéndose a su dadivosidad—.[4] Si no me hubiera despojado de esa ira, esta necesidad de venganza me habría consumido. Perdonar al chico me ayuda a seguir adelante.[5]

El percance que esta noble mujer sufrió la condujo a su misión: ser voluntaria del departamento de libertad condicional del condado. «Estoy tratando de ayudar a otros, pero ahora sé que por el resto de mi vida me conocerán como "La Dama del Pavo". Pudo haber sido peor. El muchacho me pudo haber lanzado una hamburguesa, ¡y me llamarían Miss Chanchita!».[6] Victoria Ruvolo sabe cómo llenar una palangana con agua.

¿Y tú?

Construye una prisión de odio si quieres, cada ladrillo una herida. Diséñala con una celda y una sola litera, pues no atraerá compañeros de cuarto. Cuelga pantallas gigantes de video en cada una de las cuatro paredes para que las imágenes grabadas de la agresión se transmitan una y otra vez, veinticuatro horas al día. Auriculares disponibles bajo pedido. ¿Conmovedor? No, aterrador. Los rencores albergados absorben la alegría de vivir. Vengarse no te pintará otra vez el fondo azul en tu cielo ni te restaurará la primavera a tu paso. No. Te dejará más amargado, encorvado y enojado. Concede la gracia que se te ha otorgado.

Al hacerlo no estás aprobando las acciones de tu agresor. Jesús no aprobó los pecados tuyos al perdonarlo. La gracia no le dice a la hija que le agrade el padre que la violó. No dice a los oprimidos que le guiñen el ojo a la injusticia. La persona definida por la gracia aún envía ladrones a la cárcel y espera que un ex cónyuge pague manutención de un hijo.

La gracia no es ciega. Ve perfectamente la herida. Pero elige ver aun más el perdón de Dios. Se niega a dejar que el dolor le envenene el corazón. «Mirad bien, no sea que alguno deje de alcanzar la gracia de Dios; que brotando alguna raíz de amargura, os estorbe, y por ella muchos sean contaminados» (Hebreos 12.15). Donde falta la gracia abunda la amargura. Donde la gracia abunda crece el perdón.

El 2 de octubre de 2006, como a las diez de la mañana, Charles Carl Roberts ingresó a la escuela West Nickel Mines Amish en Pennsylvania. Llevaba una pistola 9 mm, una escopeta calibre 12, un rifle, una bolsa de pólvora, dos cuchillos, herramientas, un arma de electrochoque, 600 cartuchos de munición, lubricante sexual KY, y cuerdas de alambre y plástico. Usando cuerdas flexibles de plástico ató a once chicas de seis a quince años de edad. Mientras se preparaba para dispararles, Marian Fisher, de trece años, dio un paso adelante y dijo: «Dispáreme primero». Supuestamente la hermana menor de ella, Barbie, pidió a Roberts que le disparara a continuación. El hombre les disparó a diez chicas. Luego se suicidó. Tres de las muchachas murieron al instante; dos más murieron en el hospital a la mañana siguiente. La tragedia sorprendió a la nación.

El perdón de la comunidad Amish sorprendió aun más. Más de la mitad de la gente que asistió al funeral de Roberts eran de Amish. Una partera del lugar que había ayudado a nacer a varias de las chicas asesinadas por el criminal hizo planes para llevar alimentos a la familia del asesino. La mujer expresó: «Esto es posible si se tiene a Cristo en el corazón».[7]

La secuencia importa. Jesús lava primero; nosotros lo hacemos después. Él da el ejemplo; nosotros imitamos. Él usa la toalla y luego nos la extiende, diciéndonos: «Ahora hazlo tú. Atraviesa el piso de tu aposento alto, y lávale los pies a tu Judas».

Así que, adelante. A mojarse los pies. Quítate las medias y los zapatos y mete los pies en el recipiente. Primero uno, luego el otro. Permite que las manos de Dios te extraigan todas las partes sucias de tu vida: deshonestidad, adulterio, arrebatos de ira, hipocresía, pornografía. Deja que el Señor toque todo eso. Mientras sus manos hacen el trabajo, mira alrededor del salón.

Quizás no se produzca todo el perdón a la vez. Pero este puede ocurrir dentro tuyo. Después de todo, tú tiene los pies mojados.

CAPÍTULO 6

GRACIA AL BORDE DEL MANTO

¡Alabado sea el Señor, que no te ha dejado hoy sin un redentor!

—RUT 4.14 NVI

Señor, me arrastré hacia ti a través de mi infecundidad
y con la copa vacía... De haberlo sabido mejor,
habría venido corriendo con un gran recipiente.

—NANCY SPIEGELBERG

El evangelio débil predica: «Dios está listo a perdonar»;
el evangelio poderoso predica: «Dios ya ha redimido».

—P. T. FORSYTH

>> DIOS VE EN TI UNA OBRA

MAESTRA A PUNTO

DE SUCEDER.

Dos figuras se reflejaban en el horizonte del desierto de Judea. Una de ellas, una anciana viuda. La otra, una mujer joven. Arrugas agrietaban el rostro de la primera. Polvo del camino ensuciaba las mejillas de ambas. Caminaban tan juntas que cualquier espectador podía haber creído que las dos mujeres eran una sola, lo cual habría estado bien para Noemí y Rut, porque solo se tenían una a la otra.

Diez años antes, una hambruna había hecho salir de Belén a Noemí y su esposo. Habían dejado su tierra para migrar al territorio enemigo de Moab. Allí hallaron tierra fértil para cultivar y muchachas con quienes se casaran ambos hijos de la pareja. Pero la tragedia golpeó. El esposo de Noemí murió. Igual que sus dos hijos. Noemí resolvió regresar a su pueblo natal de Belén. Rut, una de sus nueras, decidió ir con ella.

Difícilmente las dos pudieron haberse visto más lamentables cuando entraron a la aldea. Sin dinero. Sin posesiones. Sin hijos que criar o tierra que cultivar. En el siglo veinte A.C. la seguridad de una mujer se hallaba en su esposo, y su futuro estaba asegurado por sus hijos. Estas dos viudas no tenían lo uno ni lo otro. Tendrían suerte de encontrar una cama en el Ejército de Salvación.

Resulta que conocí a Rut el domingo pasado. Pasó adelante para que yo orara durante el culto de adoración. Pálida, delgada, la cara llena de lágrimas, caminó con los brazos cruzados, apretándose el pecho como si el corazón se le pudiera saltar si no lo hiciera. Su aspecto era descuidado: jeans, sandalias y cabello desaliñado. Solo el hecho de venir a la iglesia era ya un gran desafío; ni para qué nombrar asearse. Recientemente le diagnosticaron lupus, y vive en el dolor. Facturas pendientes de pago obligaron a su esposo a aceptar un contrato de trabajo en Turquía. Tanto la mujer como su hijo han estado solos por un año. El niño se ha vuelto sombrío, gótico. Rara vez habla, pero cuando lo hace, conversa de muerte y demonios. El chico mencionó el suicidio la semana pasada.

La madre probablemente no había oído hablar de Noemí o Rut, pero necesitaba hacerlo.

También lo necesitaba el amigo que se me acercó en el vestíbulo de nuestra iglesia, quien tiene la apariencia de un atleta de la NBA. Me duele el cuello cuando lo miro hacia arriba. Sin embargo, él nunca jugó básquetbol. Se dedicó a la venta de productos farmacéuticos, y las ventas se han ido por el desagüe. Una recesión de varios años ha llevado a despidos, recortes presupuestarios y, en el caso del hombre, doce meses sin ingresos. Esta semana se unirá al número siempre creciente de personas que se encuentran paradas donde nunca imaginaron: en la fila de desempleados. En cuanto a tiempo, él está a tres mil años de Rut. En cuanto a circunstancias, no muy lejos.

Esperanza, del tamaño de una astilla. Soluciones, tan escasas como la luz solar en enero en Alaska. Así es la vida en zona de guerra. Sequía, dudas, deudas y enfermedad. ¿Tiene lugar aquí la gracia? ¿Para mamás que se encuentran hartas, papás desempleados, e indigentes viudas moabitas? Si te estás preguntando, sigue leyendo. La historia de Rut fue escrita para ti.

Las mujeres entraron a la aldea arrastrando los pies y se dispusieron a encontrar sustento. Rut fue a un campo cercano a recoger suficiente grano para hacer pan. Booz entra directamente en escena. Imaginemos a un tipo fornido con mandíbula cuadrada, cabello ondulado, bíceps sobresalientes, pectorales abultados, dientes brillantes, y bolsillos tintineantes. Educación de primera, jet privado, hacienda rentable, casa amplia y pagada. El hombre no tenía intención de interrumpir con un matrimonio su encantadora vida.

Pero entonces vio a Rut. Ella no era el primer inmigrante que andaba en busca de grano en los campos del hombre. Pero sí fue la primera en robarle el corazón. La mirada de ella captó la de él por un momento. Pero ese instante fue todo lo que necesitó. Ojos en forma de almendras y cabello del color del chocolate. Rostro justo lo suficientemente extranjero para encantar, y rubor suficientemente tímido para intrigar. El corazón del hombre palpitó como un solo de timbal, y las rodillas le temblaron como gelatina. Tan rápido como se puede pasar una página de la Biblia, Booz se enteró en Facebook del nombre, la historia y el estado de la mujer. Le mejoró el puesto de trabajo, la invitó a cenar, y le dijo al capataz que la llevara a salvo de regreso a casa. En una palabra, le concedió gracia. Al menos esa es la palabra que Rut escogió: «Señor mío, halle yo gracia delante de tus ojos; porque me has consolado, y porque has hablado al corazón de tu sierva, aunque no soy ni como una de tus criadas» (Rut 2.13).

Rut salió con treinta libras de grano y una sonrisa que no se le podía borrar en el rostro. Noemí oyó la historia y reconoció primero el nombre, luego la oportunidad. «Booz... Booz. Ese nombre me parece conocido. ¡Es el chico de Rahab! Era el tornado de rostro pecoso en las reuniones familiares. Rut, ¡él es uno de nuestros primos!»

La mente de Noemí comenzó a dar vueltas con posibilidades. Al ser esta la temporada de cosecha, Booz estaría cenando con los hombres y pasando la noche en el suelo para alejar intrusos del cultivo. Noemí le dijo a Rut: «Te lavarás, pues, y te ungirás, y vistiéndote tus vestidos, irás a la era; mas no te darás a conocer al varón hasta que él haya acabado de comer y de beber. Y cuando él se acueste, notarás el lugar donde se acuesta, e irás y descubrirás sus pies, y te acostarás allí; y él te dirá lo que hayas de hacer» (Rut 3.3–4).

Perdóname mientras seco el vapor de mis lentes. ¿Cómo entró en la Biblia esta seducción moabita de medianoche? Booz, con el vientre lleno y con sueño. Rut, bañada y perfumada. *Descúbrele los pies y te acuestas.* ¿En qué estaba pensando Noemí?

Ella estaba pensando en que era hora de que Rut siguiera con su vida. La joven aún estaba llorando la muerte de su marido. Cuando Noemí le dijo: «Ponte tu mejor ropa» NVI, usó una frase que describe la vestimenta usada después de un período de luto.[1] Mientras Rut estuviera vestida de negro, Booz, como hombre respetable que era, se mantendría a distancia. Podría ser que Noemí estuviera pretendiendo que Rut se quitara la ropa de aflicción. Nueva ropa señalaba el reingreso de Rut a la sociedad.

Noemí también estaba pensando en la ley de redención por parte del pariente cercano. Si un hombre moría sin hijos, su propiedad no se transfería a la esposa sino al hermano. Esta costumbre mantenía la tierra en el clan. Pero también dejaba vulnerable a la viuda. Para protegerla, la ley exigía que el hermano del difunto se casara con la viuda sin hijos.

Si el fallecido no tenía hermanos, su pariente varón más cercano debía proveer para la viuda, pero no necesariamente tenía que casarse con ella. Esta ley mantenía la propiedad en la familia y otorgaba protección a la viuda, y en algunos casos, un esposo.

Aunque Noemí y Rut no tenían hijos vivos, tenían un primo llamado Booz, quien ya una vez había sido amable con ellas. Valía la pena correr el riesgo. «Descendió, pues, a la era, e hizo todo lo que su suegra le había mandado. Y cuando Booz hubo comido y bebido, y su corazón estuvo contento, se retiró a dormir a un lado del montón» (vv. 6–7).

Rut se quedó en las sombras, vigilando a los hombres que sentados alrededor del fuego terminaban de comer. Uno por uno todos se ponían de pie y se iban a la cama para pasar la noche. Risas y charlas dieron paso a ronquidos. Pronto la era quedó en silencio. A la luz del aún chisporroteante fuego, Rut dio el primer paso. Se deslizó hacia Booz entre la masa de hombres que dormían. «Entonces ella vino calladamente, y le descubrió los pies y se acostó. Y aconteció que a la medianoche se estremeció aquel hombre, y se volvió; y he aquí, una mujer estaba acostada a sus pies» (vv. 7–8).

El hombre se sorprendió, ¡sin duda! Este gesto casi equivalía a la entrega del anillo de compromiso. «Yo soy Rut tu sierva; extiende el borde de tu capa sobre tu sierva, por cuanto eres pariente cercano» (v. 9).

Audaz jugada. Booz no tenía obligación de casarse con ella, pues era pariente, no hermano del difunto esposo. Además, Rut era extranjera y él un hacendado prominente. La joven era una forastera indigente, y el hombre un agente de poder local. Ella, desconocida. Él, muy conocido.

«¿Nos ampararás?», le preguntó Rut, y Booz sonrió.

El hombre se puso en acción. Convocó a una reunión de diez líderes de la ciudad. Hizo llamar a otro individuo que resultaba ser un pariente más cercano de Noemí que él. Posiblemente al huir de la hambruna el finado esposo de la mujer había vendido su propiedad a alguien que no era familiar. Cuando Booz le habló de la propiedad al pariente más cercano, este dijo que ejercería su derecho y que compraría aquella propiedad.

Pero entonces Booz le mostró la letra pequeña: «El mismo día que compres las tierras de mano de Noemí, debes tomar también a Rut la moabita, mujer del difunto, para que restaures el nombre del muerto sobre su posesión» (Rut 4.5). En otras palabras, la tierra venía con una par de mujeres. El pariente rechazó el ofrecimiento, y tenemos la corazonada de que Booz sabía que lo haría. Tan pronto como el otro familiar rehusó, Booz tomó a Rut de la mano y salió corriendo hacia la capilla de bodas. Al final consiguió lo que quería: una oportunidad para casarse con Rut. La moabita consiguió lo que había imaginado: un hombre que la amparara.

A estas alturas tú ya habrás notado que la historia de Rut es la nuestra. Nosotros también somos pobres: espiritualmente, sin duda... monetariamente, quizás. Vestimos túnicas de muerte. La mujer de la historia enterró a su esposo; nosotros hemos enterrado nuestros sueños, anhelos y aspiraciones. Igual que la madre con lupus o el hombre de negocios en la fila de desempleados, no nos quedan opciones. Pero nuestro Booz se ha fijado en nosotros. Así como el hacendado se acercó a Rut, Cristo vino por nosotros «siendo aún pecadores» (Romanos 5.8). Él dio el primer paso.

«¿Nos ampararás?», le preguntamos, y la Gracia sonrió.

No solo se trata de misericordia, sino de gracia. Esta va más allá de la misericordia. La misericordia le dio a Rut un poco de comida. La gracia le proveyó un esposo y un hogar. La misericordia le dio una segunda oportunidad al hijo pródigo. La gracia le hizo una fiesta. La misericordia llevó al samaritano a vendar las heridas de la víctima. La gracia le hizo dejar su tarjeta de crédito como pago por el cuidado de la víctima. La misericordia perdonó al ladrón en la cruz. La gracia lo escoltó al paraíso. La misericordia nos perdona. La gracia nos corteja y se casa con nosotros.

Permíteme explicarlo en detalle. La historia de Rut es una representación de cómo la gracia tiene lugar en momentos difíciles. Jesús es nuestro pariente redentor.

Él te vio a ti en el campo de trigo, arruinado por el dolor. Y decidió cortejarte el corazón. A través de puestas de sol. De la amabilidad de un Booz. De providencia. De susurros de las Escrituras. Del libro de Rut. Incluso de un libro de Max. ¿Marginalizado y desechado? Otros podrían creer eso. Quizás tú lo creas. Pero Dios ve en ti una obra maestra a punto de suceder.

Él hará contigo lo que Vik Muniz hizo con los recolectores de basura de Gramacho. Jardim Gramacho es el relleno sanitario más grande del mundo: el Godzilla de los vertederos de basura. Lo que Río de Janeiro desecha, Gramacho lo recibe.

Y lo que Gramacho recibe, *catadores* escarban. Aproximadamente tres mil recolectores de basura se ganan la vida limpiando desperdicios y reciclando diariamente doscientas toneladas de material desechado. Ellos persiguen la interminable caravana de camiones, trepando con dificultad las montañas de basura y deslizándose hacia el otro lado, enganchando objetos en el camino. Botellas plásticas, tubos, cables y papel son clasificados y vendidos a los mayoristas que están a los lados del vertedero.

A través de la bahía, la estatua del *Cristo redentor* extiende sus brazos hacia el sur de Río de Janeiro y su zona de apartamentos de un millón de dólares frente al mar. Allí acuden los turistas, ninguno de los cuales va a Gramacho. Ninguno, excepto Vik Muniz.

Este artista nacido en Brasil convenció a cinco trabajadores de la basura que posaran para retratos individuales. Suelem, una madre de dieciocho años de edad, ha comercializado la basura desde que tenía siete años. Isis es un alcohólico y drogadicto en recuperación. Zumbi lee todos los libros que encuentra en la basura. Irma cocina en una olla grande al aire libre alimentos desechados y los vende. Tiao ha organizado a los trabajadores en una asociación.

Muniz les tomó fotos de los rostros, luego agrandó las imágenes hasta el tamaño de una cancha de básquetbol. Él y los cinco catadores delinearon los rasgos faciales con basura. Tapas de botellas se convirtieron en ojos cafés. Cajas de cartón, en líneas de mentón. Llantas revestían sombras. Imágenes emergían gradualmente de la basura. Muniz trepó a una plataforma de diez metros de alto y tomó nuevas fotos.

¿El resultado? La segunda exhibición de arte más popular en la historia brasileña, excedida solamente por las obras de Picasso. Muniz donó las utilidades a la asociación de recolectores de basura.[2] Se podría decir que el artista trató a Gramacho con gracia.

La gracia hace esto. *Dios* hace esto. La gracia es el Señor entrando al mundo tuyo con un destello en los ojos y una oferta difícil de resistir: «Siéntate tranquilo por un rato. Puedo hacer maravillas con este desastre tuyo».

Cree esta promesa. Confía en ella. Aférrate como una lapa a todo pacto y esperanza. Imita a Rut y espabílate. Ve a la versión que tú tengas del campo de trigo y ponte a trabajar. Este no es momento para inactividad o desesperación. Quítate la ropa de luto. Asume algunos riesgos; toma la iniciativa. Tú no sabes lo que podría ocurrir. Quizás tengas un papel importante en llevar a Cristo al mundo. Rut lo tuvo.

En la última ojeada estaban Booz, Rut y Noemí posando para una foto familiar con un bebé recién nacido. Booz quería que se llamara Pequeño Bo, pero Rut prefirió Obed, así que fue Obed.

Obed tuvo un hijo llamado Isaí. Isaí engendró a David, el segundo rey más famoso nacido en Belén. Tú conoces al primero más famoso: Jesús. Ahora lo conoces aun más: él es tu pariente redentor.

La atribulada vida de Rut ayudó a dar vida a la gracia.

¿Quién puede decir que la tuya no hará lo mismo?

CAPÍTULO 7

CÓMO PONERTE A CUENTAS CON DIOS

Limpia primero lo de dentro del vaso y del plato,
para que también lo de fuera sea limpio.

—MATEO 23.26 NTV

La confesión de las obras de maldad es
el principio de las buenas obras.

—AGUSTÍN

El fuego del pecado es intenso, pero es apagado por una
pequeña cantidad de lágrimas, porque la lágrima apaga un
horno de faltas, y limpia de pecado a nuestras heridas.

—JUAN CRISÓSTOMO

Un hombre que confiesa sus pecados en la presencia de un
hermano sabe que ya no está solo consigo mismo; experimenta
la presencia de Dios en la realidad de la otra persona.

—DIETRICH BONHOEFFER

>> HAS SIDO PROTEGIDO Y

COMPRADO, TE HAN LAVADO

LOS PIES, Y CRISTO MORA EN

TI. TE PUEDES ARRIESGAR A

SINCERARTE CON EL SEÑOR.

Me gusta la cerveza. Siempre me ha gustado. Desde que mi compañero y yo bebimos hasta enfermar con una caja de cuartos de botella, me ha gustado la cerveza. Me encanta la manera en que limpia la boca de un pedazo de pizza y cómo sofoca el condimento de las enchiladas. Va muy bien con el maní en un partido de béisbol y parece una forma adecuada de coronar dieciocho hoyos de golf. Sea de bidón, barril, botella o jarro helado... no me importa. Me gusta.

Demasiado. El alcoholismo merodea mi ancestro familiar. Tengo recuerdos tempranos en que seguía a mi padre a través de pasillos de un centro de rehabilitación para ver a su hermana. Similares escenas se repitieron con otros parientes por décadas. La cerveza no se mezcla bien con mi ADN familiar. Por tanto, a los veintiún años de edad renuncié a ella.

Nunca hice alarde de mi abstinencia. Tampoco del desenfreno de alguien más. Diferencié entre la bebida y la embriaguez, y concluí que en mi caso lo primero me llevaría a lo último, por eso renuncié a beber. Además, yo era estudiante de seminario (por los dos años siguientes). Luego, fui ministro (tres años). A continuación, misionero (cinco años). Después ministro otra vez (veintidós años y siguen aumentando). Escribí libros cristianos y hablé en conferencias cristianas. Un hombre religioso no debería llevarse con la Heineken, ¿verdad? Por tanto, me abstenía.

Entonces hace algunos años algo resucitó mis ansias. ¿Demasiados comerciales? ¿Demasiados partidos de béisbol? ¿Demasiados amigos episcopales? (Solo estoy bromeando.) No sé. Era muy probable que solamente se tratara de sed. El calor del sur de Texas puede arder como un fuego que se extiende. En algún momento alargué la mano hacia una lata de cerveza en vez de un refresco, y tan pronto la destapé me convertí otra vez en fanático de la cerveza. De vez en cuando... luego una vez por semana... después una vez al día.

Mantuve en secreto mi preferencia. No bebía cerveza en casa, quizás para que mis hijas no pensaran mal de mí. No bebía cerveza en público. ¿Quién sabe quién podría verme? Como no era en casa ni en público, solo me quedaba una opción: estacionamientos de tiendas abiertas veinticuatro horas al día. Más o menos durante una semana las frecuenté en el auto, bebiendo de la bolsa café de papel.

No, no sé qué resucitó mis ansias, pero recuerdo lo que no las dejó desarrollarse. En camino a hablar en un retiro de hombres me detuve para mi compra diaria. Salí de la tienda con una cerveza presionada contra el costado, me escurrí en mi auto por temor a que me vieran, abrí la puerta, subí, y abrí la lata.

Entonces caí en la cuenta. Me había convertido en aquello mismo que odiaba: Hipócrita. Farsante. Falso. Actuando de una manera y viviendo de otra. Había escrito prédicas acerca de personas como yo: cristianos que les importaba más la apariencia que la integridad. No fue la cerveza sino el encubrimiento lo que me produjo náuseas.

Yo sabía qué debía hacer. También había escrito sermones acerca de eso. «Si decimos que no tenemos pecado, nos engañamos a nosotros mismos, y la verdad no está en nosotros. Si confesamos nuestros pecados, él es fiel y justo para perdonar nuestros pecados, y limpiarnos de toda maldad» (1 Juan 1.8–9).

Confesión. Esta palabra evoca muchas imágenes, y no todas positivas. Interrogatorios en cuartos traseros. Tortura china con agua. Admisión de coqueteos ante un sacerdote sentado detrás de una cortina negra. Caminar por el pasillo de la iglesia y llenar una tarjeta. ¿Es esto lo que Juan tenía en mente?

Confesión no es decirle a Dios lo que él no sabe. Imposible.

Confesión no es quejarse. Si simplemente recito mis problemas y repito mis congojas, estoy lloriqueando.

Confesión no es culpar. Señalar con el dedo a otros sin fijarme en mí me hace sentir bien, pero no suscita sanidad.

Confesión es mucho más. Es una dependencia radical en la gracia. Una proclama de nuestra confianza en la bondad del Señor. «Reconozco que lo que hice estuvo mal, pero tu gracia es más grande que mi pecado; por tanto, lo confieso». Si nuestra comprensión de la gracia es pequeña, nuestra confesión será escasa: renuente, vacilante, cubierta de excusas y salvedades, llena de temor al castigo. Pero una gracia enorme crea una confesión sincera.

Igual a la del hijo pródigo, quien oró: «Padre, he pecado contra el cielo y contra ti. Ya no soy digno de ser llamado tu hijo» (Lucas 15.18–19). O igual a la confesión del publicano: «Dios, sé propicio a mí, pecador» (Lucas 18.13).

La oración de confesión más conocida vino del rey David, aunque tardó un tiempo interminablemente largo en ofrecerla. Este héroe del Antiguo Testamento dedicó una temporada de su vida a tomar decisiones ilógicas, ridículas e impías.

Decisión ilógica #1: David no va a la guerra con sus soldados. Se queda en casa con demasiado tiempo en sus manos, y según parece romance en mente. Mientras se pasea por el balcón divisa a Betsabé, una belleza playera, bañándose.

Decisión ilógica #2: El rey envía criados para que le lleven a Betsabé hasta el palacio. La escoltan hasta la recámara real, donde pétalos de rosa cubren el piso y champaña helada se enfría en el rincón. Unas semanas después ella le informa que está embarazada. David, viviendo aún en la neblina de malas decisiones, continúa la racha.

Decisión ilógica #3, 4 y 5: David engaña al esposo de Betsabé, lo asesina, y se comporta como si no estuviera haciendo nada malo. El bebé nace, y el rey aún no se arrepiente.

Sí, David. El hombre conforme al corazón de Dios, permitió que el suyo se calcificara. Escondió su mala acción y pagó un alto precio por ello. Más tarde lo describió así: «Mientras callé, se envejecieron mis huesos en mi gemir todo el día. Porque de día y de noche se agravó sobre mí tu mano; se volvió mi verdor en sequedades de verano» (Salmo 32.3–4).

La realidad del pecado reemplazó su euforia. David comenzó a ver en Betsabé no una imagen de belleza sino un símbolo de la propia debilidad del rey. ¿Podría mirarla a la cara sin ver el rostro del esposo, a quien había traicionado? Más que eso, ¿podría mirarla sin sentir la mirada de Dios sobre sí mismo?

David supo que su pecado secreto para nada era secreto. Finalmente oró: «Jehová, no me reprendas en tu furor, ni me castigues en tu ira. Porque tus saetas cayeron sobre mí, y sobre mí ha descendido tu mano. Nada hay sano en mi carne... ni hay paz en mis huesos, a causa de mi pecado. Hieden y supuran mis llagas, a causa de mi locura... Porque mis lomos están llenos de ardor» (Salmo 38.1–3, 5, 7).

Oculta tu mala conducta y espera dolor, punto. El pecado no confesado es la hoja de un cuchillo alojada en el alma. No se puede escapar a la desdicha que esto crea.

Pregúntale a Li Fuyan. Este hombre chino había intentado todo tratamiento imaginable para aliviar sus intensos dolores de cabeza. Nada ayudaba. Finalmente una radiografía reveló al culpable. Li había tenido alojada por cuatro años en su cráneo la hoja oxidada de un cuchillo de diez centímetros. Durante un ataque para robarle, Fuyan había sufrido laceraciones en el costado derecho de la mandíbula. No sabía que la hoja del cuchillo se le había roto dentro de la cabeza. No es de extrañar que padeciera un dolor tan *lacerante*. (Lo siento, no pude resistir.)[1]

No podemos vivir con objetos extraños incrustados en nuestros cuerpos.

Ni en nuestras almas. ¿Qué revelaría una radiografía de tu interior? ¿Zozobra por una relación en la adolescencia? ¿Remordimiento por una mala decisión? ¿Vergüenza por un matrimonio que no funcionó, un hábito al que no puedes renunciar, la tentación que no puedes resistir, o el valor que no puedes hallar? Hay culpa oculta debajo de la superficie, supurando e irritando. A veces incrustada tan profundamente que no se conoce la causa.

Tú te vuelves malhumorado y quisquilloso. Eres propenso a reaccionar de manera exagerada. Te enojas y te irritas. Sabes que puedes estar sensible. Comprensible, ya que tú tienes un mango de vergüenza alojado en el alma.

¿Interesado en una remoción? Confiesa. Solicita una resonancia magnética espiritual. «Examíname, oh Dios, y conoce mi corazón; pruébame y conoce mis pensamientos; y ve si hay en mí camino de perversidad, y guíame en el camino eterno» (Salmo 139.23–24). A medida que Dios te traiga a la mente mala conducta, ponte a cuentas con él y pide perdón. Permite que el Señor te aplique gracia a las heridas.

No hagas este viaje interior sin el Señor. Muchas voces te instan a echar un profundo vistazo dentro de ti y hallar una fuerza invisible o un poder oculto. Un ejercicio peligroso. Autoevaluación sin la guía de Dios lleva a negación o vergüenza. Podemos justificar nuestra mala conducta con mil y una excusas, o podemos diseñar una cámara de tortura y morar dentro de ella. ¿Justificación o humillación? No necesitamos nada de esto.

Necesitamos una oración de confesión basada en la gracia, como la de David, quien después de un año de negación y encubrimiento, finalmente oró: «Ten piedad de mí, oh Dios, conforme a tu misericordia; conforme a la multitud de tus piedades borra mis rebeliones. Lávame más y más de mi maldad, y límpiame de mi pecado. Porque yo reconozco mis rebeliones, y mi pecado está siempre delante de mí. Contra ti, contra ti solo he pecado, y he hecho lo malo delante de tus ojos; para que seas reconocido justo en tu palabra, y tenido por puro en tu juicio» (Salmo 51.1–4).

David hizo ondear la bandera blanca. No más combate. No más discusiones con el cielo. El hombre se sinceró con Dios. ¿Y qué hay contigo? Tu momento podría ser algo parecido a este.

Es tarde en la noche. Hora de acostarse. La almohada te llama. Pero también lo hace tu conciencia culpable. Un encuentro con un compañero de trabajo resultó desagradable al principio del día.

Se intercambiaron palabras. Se hicieron acusaciones. Se marcaron posturas. Se dijeron insultos. Conducta vulgar, vulgar, vulgar. Tú tienes algo de la culpa, si no la mayor parte.

La antigua versión tuya habría eliminado la discusión por la fuerza. Habría hacinado el asunto en una bodega ya repleta de conflictos no resueltos. Habría puesto masilla sobre madera podrida. La pelea habría enconado en amargura y habría envenenado otra relación. Pero tú no eres la antigua versión tuya. La gracia está teniendo lugar, elevándose como un sol matutino sobre un prado invernal, esparciendo sombras, derritiendo la escarcha. Calidez. Dios no frunce el ceño al verte a ti, aunque una vez tú pensaste que él lo haría. Que estaría con los brazos cruzados e iracundo, perpetuamente fastidiado. Ahora tú tienes mejor juicio. Has sido protegido y comprado, te han lavado los pies, y Cristo mora dentro tuyo. Te puedes arriesgar a sincerarte con Dios.

Tú le dices a la almohada que espere, y entras a la presencia de Jesús. «¿Podemos hablar de la pelea de hoy? Siento mucho haber reaccionado así. Fui duro, sentencioso e impaciente. Tú me has dado mucha gracia. Yo concedí muy poca. Perdóname, por favor».

Vaya, ¿no te hace sentir eso mejor? No se requiere un sitio especial. No se necesita una salmodia ni una vela. Solo una oración. Tal vez la oración inste a pedir perdón, lo que posiblemente preservará una amistad y protegerá un corazón. Tú incluso podrías colgar un letrero en la pared de tu oficina: «Aquí tiene lugar la gracia».

O tal vez tu oración deba ahondar más. Debajo de la epidermis de los hechos de hoy están las acciones sin resolver de años pasados. Igual que el rey David, tú has cometido una decisión absurda tras otra. Te quedaste cuando debiste haberte ido, miraste cuando debiste haber alejado la mirada, te dejaste seducir cuando debiste abstenerte, heriste cuando debiste haber ayudado, negaste cuando debiste haber confesado.

Habla con Dios acerca de estas cuchillas incrustadas. Ve a él como irías a un médico confiable. Explica el dolor, y vuelvan a vivir la transgresión tú y Dios juntos. Recibe con agrado el consejo y el toque sanador del Señor. Además, y más importante, confía en la capacidad de Dios para recibir la confesión y no en la habilidad tuya para hacerla. Ah, ese revoltoso perfeccionista que mora dentro de nosotros. Levanta ulcerosas dudas: «¿Fue sincera mi confesión? ¿Suficiente? ¿Olvidé algún pecado?»

Por supuesto que lo olvidaste. ¿Quién entre nosotros conoce todas nuestras infracciones? ¿Quién de nosotros ha sentido suficiente remordimiento por sus fallas? Si la limpieza de confesión dependiera del confesor, todos estaríamos perdidos, porque ninguno de nosotros ha confesado de manera exacta o adecuada. El poder de la confesión no yace en la persona que la hace sino en el Dios que la oye.

El Señor podría enviarte a ti a hablarle a la iglesia. «Confesaos vuestras ofensas *unos a otros*, y orad unos por otros, para que seáis sanados» (Santiago 5.16, énfasis del autor). El apóstol nos invita no solo a confesar a Dios sino también a confesar nuestras ofensas unos a otros.

Yo hice esto. Tú te estás preguntando qué sucedió con mi hipocresía. Primero, tiré a la basura la lata de cerveza. Después me senté en el auto por un buen rato, orando. Luego programé una reunión con los ancianos de nuestra iglesia. No embellecí ni resté importancia a mis acciones; simplemente las confesé. Y ellos a su vez declararon perdón sobre mí. Jim Potts, un apreciado santo de pelo blanco, extendió el brazo a través de la mesa, puso la mano sobre mi hombro, y dijo algo como esto: «Lo que hiciste estuvo mal. Pero lo que estás haciendo esta noche es lo correcto. El amor de Dios es suficientemente inmenso para cubrir tu pecado. Confía en su gracia». Eso fue todo. Sin controversias. Sin alboroto. Solo sanidad.

Después de hablar con los ancianos hablé a la iglesia. En nuestra reunión de mitad de semana conté otra vez la historia. Pedí perdón por mi hipocresía y solicité el perdón de la congregación. Lo que siguió fue una refrescante hora de confesión en que otras personas hicieron lo mismo. Mediante nuestra sinceridad la iglesia se fortaleció, no se debilitó. Pensé en la iglesia en la antigua Éfeso donde «muchos de los que habían creído venían, confesando y dando cuenta de sus hechos» (Hechos 19.18). ¿Cuál fue el resultado de sus confesiones? «Así crecía y prevalecía poderosamente la palabra del Señor» (v. 20).

A las personas les atrae la sinceridad.

Encuentra una congregación que crea en la confesión. Evita una comunidad de personas perfectas (tú no calzarás en ella), y más bien busca una donde los miembros confiesen sus pecados y muestren humildad, una congregación donde el precio de admisión sea simplemente confesar la culpa personal. En una iglesia como esta ocurre sanidad. A los seguidores de Cristo se les ha dado autoridad para oír confesiones y proclamar gracia. «A quienes les perdonen sus pecados, les serán perdonados; a quienes no se los perdonen, no les serán perdonados» (Juan 20.23 NVI).

Quienes confiesan encuentran una libertad que no hallan quienes niegan sus faltas.

«Si afirmamos que no tenemos pecado, nos engañamos a nosotros mismos y no tenemos la verdad. Si confesamos nuestros pecados, Dios, que es fiel y justo, nos los perdonará y nos limpiará de toda maldad» (1 Juan 1.8–9 NVI).

¡Ah, qué tierna seguridad la de estas palabras; «Nos *limpiará*». No que el Señor *podría, puede* o que *se le conozca* por hacerlo. Él te *limpiará* a ti. Cuéntale a Dios lo que hiciste. Repito, no es que él no lo sepa, pero los dos deben ponerse a cuentas. Pasa tanto tiempo como necesites. Habla de todos los detalles que puedas. Luego deja que el agua pura de la gracia fluya sobre las faltas que tú hayas cometido.

Después celebra con una cerveza (pero sin alcohol).

>> CAPÍTULO 8

TEMOR DESTRONADO

Bástate mi gracia; porque mi poder se
perfecciona en la debilidad.

—2 CORINTIOS 12.9

El que tiene misericordia se apiadará de ti; al
oír la voz de tu clamor te responderá.

—ISAÍAS 30.19

[Dios] nunca da un aguijón sin esta gracia añadida, él
lo toma para retirar el velo que le cubre el rostro.

—MARTHA SNELL NICHOLSON

>> GRACIA ES SENCILLAMENTE OTRA
PALABRA PARA EL RESERVORIO
DE FORTALEZA Y PROTECCIÓN
DEL SEÑOR QUE AL LLEGAR
NOS DERRIBA Y ENSORDECE.
ESA GRACIA NOS LLEGA NO
DE MANERA OCASIONAL O
MEZQUINA SINO DE FORMA
CONSTANTE Y AGRESIVA, COMO
UNA OLA SOBRE OTRA.

Heather Sample supo que había problemas al momento en que vio la cortadura en la mano de su padre. Entre procedimientos quirúrgicos, los dos se habían sentado para comer algo rápido. Heather divisó la herida y le preguntó al respecto. Cuando Kyle explicó que había ocurrido durante una operación, una ola de náuseas inundó a la joven.

Ambos eran médicos. Los dos conocían el riesgo. Ambos entendían el peligro de tratar pacientes de SIDA en Zimbabue. Y ahora los temores que tenían se habían hecho realidad.

Kyle Sheets era un veterano con doce años de viajes médicos misioneros. Lo conocí cuando yo era estudiante universitario. Se casó con una chica encantadora llamada Bernita, y se establecieron en un pueblo de Texas para formar una familia y tratar a los más necesitados. Levantaron una familia que ayuda a los pobres. Diez hijos en total. Cada uno involucrado en obras de compasión. Como fundador y director de *Physicians Aiding Physicians Abroad*, Kyle pasa varias semanas al año trabajando en hospitales misioneros en países en desarrollo. Este viaje a Zimbabue no era el primero que realizaba allí.

Pero sí su exposición al SIDA.

Heather instó a su padre a comenzar de inmediato el tratamiento antirretroviral para prevenir la infección VIH. Kyle estaba renuente. Conocía los efectos secundarios; cada uno constituía una amenaza para la vida. Sin embargo, su hija insistió, y él consintió. A las pocas horas el hombre estaba gravemente enfermo.

Náuseas, fiebre y debilidad fueron solamente los indicios iniciales de que algo estaba terriblemente mal. Durante diez días Kyle siguió empeorando. Luego se desató la inconfundible erupción del síndrome de Stevens-Johnson, que casi siempre es mortal. Adelantaron el momento de partir mientras se comenzaban a preguntar si Kyle sobreviviría al viaje de cuarenta horas que incluía una escala de doce horas en Sudáfrica y un vuelo de diecisiete horas hasta Atlanta.

Kyle abordó el avión transoceánico con fiebre de 40,5° C. Se estremecía con escalofríos. Ya en ese momento estaba teniendo problemas para respirar y no podía sentarse. Incoherente. Ojos amarillentos. Hígado expandido y adolorido. Ambos médicos reconocieron los síntomas de insuficiencia hepática aguda. Heather sentía sobre los hombros el peso total de la vida de su padre.

Ella explicó la situación a los pilotos y los convenció de que la mejor esperanza para su padre era el vuelo más rápido posible a los Estados Unidos. Teniendo solamente un estetoscopio y un frasco de epinefrina, se sentó al lado del enfermo y se preguntó cómo sacaría el cuerpo de su padre hacia el pasillo para darle RCP si se le detenía el corazón.

A los pocos minutos de vuelo Kyle se quedó dormido. Heather pasó por sobre él y fue al baño a tiempo para vomitar el agua que acababa de beber. Se derrumbó al suelo en posición fetal y oró: *Necesito ayuda.*

Ella no recuerda cuánto tiempo oró, pero fue lo suficiente como para que un pasajero preocupado tocara a la puerta. Heather la abrió para ver a cuatro hombres de pie en la cocina de la nave. Uno le preguntó si se hallaba bien. La preocupada hija le aseguró que estaba bien y que era médico. El rostro del hombre se iluminó mientras explicaba que él y sus tres amigos también eran médicos. «¡Y otros noventa y seis pasajeros!», explicó. Cien médicos mexicanos se hallaban en el vuelo.

Heather explicó la situación y les pidió ayuda y oraciones. Ellos le brindaron las dos cosas. Alertaron a un colega que era médico de primer nivel en enfermedades contagiosas. Juntos evaluaron la condición de Kyle y coincidieron en que no se podía hacer nada más por el momento.

Ofrecieron vigilar al enfermo para que la hija pudiera descansar. Heather lo hizo. Cuando despertó, Kyle estaba parado y hablando con uno de los médicos. Aunque aún era un paciente de nivel UCI, se hallaba mucho mejor. Heather empezó a reconocer en acción la mano del Señor, quien los había puesto exactamente en el avión adecuado, con las personas adecuadas, y les había suplido su necesidad con gracia.

El Señor también suplirá tus necesidades. Quizás tu viaje sea difícil. Tú podrías ser Heather en el vuelo, observando la lucha de un ser amado. O podrías ser el Dr. Kyle Sheets, sintiendo en su cuerpo el furor de la enfermedad y la muerte. Tú estás temeroso y débil, pero no estás solo. Las palabras de «Sublime Gracia» son tuyas. Aunque escritas alrededor de 1773, traen esperanza como la salida del sol de hoy día. «Su gracia siempre me libró y me guiará feliz».[1] Tú tienes en tu interior al Espíritu de Dios. Tienes huestes celestiales por encima de las tuyas. A

Jesucristo intercediendo a tu favor. Tú tienes suficiente gracia para sustentarte.

La vida de Pablo resalta esta verdad. Él escribió: «Me fue dado un aguijón en mi carne, un mensajero de Satanás que me abofetee, para que no me enaltezca sobremanera; respecto a lo cual tres veces he rogado al Señor, que lo quite de mí. Y me ha dicho: Bástate mi gracia; porque mi poder se perfecciona en la debilidad» (2 Corintios 12.7–9).

Un aguijón en la carne. Qué imagen más vívida. La afilada punta de un aguijón perfora la suave piel de la vida y se aloja debajo de la superficie. Cada paso es un recordatorio de esa espina en la carne.

El cáncer en el cuerpo.

La angustia en el corazón.

El muchacho en el centro de rehabilitación.

La tinta roja en los libros de contabilidad.

El crimen registrado en los antecedentes.

Las ansias por güisqui al mediodía.

Las lágrimas en medio de la noche.

El aguijón en la carne.

«Quítamelo», has suplicado tú. No una ni dos veces, ni siquiera tres. Has orado mejor que Pablo. Él oró una carrera corta; tú has orado la maratón de Boston. Y tú estás a punto de tirar la toalla en el kilómetro treinta. La herida irradia dolor, y no ves ninguna señal de pinzas viniendo del cielo. Pero lo que tú oyes es esto: «Bástate mi gracia».

La gracia adquiere aquí una dimensión adicional. Pablo se está refiriendo a la gracia sustentadora. A la gracia redentora que nos salva de nuestros pecados. La gracia sustentadora se topa con nosotros en nuestro momento de necesidad y nos equipa con valor, sabiduría y fortaleza. Nos sorprende en medio de nuestros vuelos transatlánticos personales mediante amplios recursos de fe. La gracia sustentadora no promete ausencia de aflicciones sino la presencia de Dios.

Y según Pablo, el Señor tiene *suficiente* gracia sustentadora para enfrentar todos los desafíos de nuestras vidas. Suficiente. Tememos a su antónimo: *Insuficiente*. A veces hemos escrito cheques solo para ver las palabras «fondos insuficientes». ¿Ofreceremos oraciones solo para descubrir insuficiente fortaleza? Nunca.

Sumerge una esponja en el lago Erie. ¿Absorbiste tú cada gota del lago? Respira hondo. ¿Succionaste el oxígeno de la atmósfera? Arrancaste una rama a uno de los pinos de Yosemite. ¿Se acabó el follaje del bosque? Observa una ola del océano chocar contra la playa. ¿Nunca habrá otra ola allí?

Por supuesto que la habrá. Tan pronto como una ola se estrella en la arena aparece otra. Luego otra, y después otra. Esta es una imagen de la suficiente gracia del Señor. *Gracia* es simplemente otra palabra para el reservorio de fortaleza y protección del Señor que al llegar nos derriba y ensordece. Esa gracia nos llega no de manera ocasional o mezquina sino de forma constante y agresiva, como una ola sobre otra. Apenas recobramos el equilibrio después de una gran ola, cuando *saz*, llega otra.

«Gracia sobre gracia» (Juan 1.16). Nos desafía a depender de Dios y a hacer valer nuestra esperanza en la noticia más feliz de todas: Si él permite el desafío, él proveerá la gracia para enfrentarlo.

Nunca agotaremos el suministro divino. «¡Deja de pedir tanto! Mi reservorio de gracia se está secando». Los cielos no conocen tales palabras. El Señor tiene bastante gracia para resolver todo dilema que tú enfrentes, para limpiar toda lágrima que derrames, y para contestar toda pregunta que le hagas.

¿Esperaríamos algo menos de parte de Dios? Él envió a su Hijo a morir por nosotros, ¿y no enviará su poder para sustentarnos? Pablo hallaba imposible tal lógica. «El que no escatimó ni a su propio Hijo, sino que lo entregó por todos nosotros, ¿cómo no nos dará también con él todas las cosas?» (Romanos 8.32).

Pablo nos insta a llevar todas nuestras ansiedades al Calvario. A permanecer en la sombra del Hijo crucificado de Dios. Ahora planteamos nuestras preguntas. *¿Está Jesús a mi lado?* Veamos nuestras heridas en la herida de él. *¿Permanecerá Dios conmigo?* Habiendo dado el regalo más supremo y más valioso, «¿cómo no nos dará también con él todas las cosas?» (Romanos 8.32).

«Tu gracia me ha traído a salvo hasta ahora, y la gracia me llevará a casa». Cuando John Newton escribió esta promesa, lo hizo por experiencia personal. Su prueba más grande llegó el día en que enterró a su esposa Mary. La había amado entrañablemente y había orado para morir antes que ella. Pero su oración no había recibido respuesta.

Sin embargo, la gracia de Dios demostró ser suficiente. El día en que su esposa murió, Newton halló fortaleza para predicar un sermón el domingo. Al día siguiente visitó a algunos miembros de la iglesia y después ofició el funeral de su amada. Lloró la pérdida, pero en su dolor encontró la provisión divina. Más tarde escribió: «El Banco de Inglaterra es demasiado pobre para compensar tal pérdida como la mía. Pero el Señor, el omnisciente Dios, habla y las cosas se dan. Quienes lo conocemos y confiamos en él tendremos ánimo. El Señor puede darnos fortaleza de acuerdo a nuestros días. Puede aumentarnos las fuerzas a medida que aumentan los sufrimientos... y lo que puede hacer, él ha prometido que lo hará».[2]

Deja que la gracia de Dios destrone tus temores. La ansiedad llegará, por cierto. Habrá calentamiento global; aun se desencadenarán guerras; la economía hará de las suyas. Enfermedades, calamidades y aflicciones pueblan el mundo en que tú vives. ¡Pero no lo controlan! La gracia lo hace. En el avión en que tú vas, y a la manera de él, Dios ha incluido una flota de ángeles para suplir las necesidades en el momento adecuado.

Mi amigo Kyle se recuperó de la reacción, y los exámenes no muestran ningún rastro de VIH. Él y Heather reanudaron sus consultas con renovada convicción de la protección divina. Cuando le pregunté a Kyle respecto a su experiencia, él reflexionó que en tres ocasiones distintas había oído que una asistente de vuelo preguntaba: «¿Hay un médico a bordo?» En cada ocasión Kyle era el único médico en el vuelo.

«Cuando Heather me llevaba en silla de ruedas al avión, yo me preguntaba si a bordo habría alguien que nos ayudara». Pronto descubrió que Dios contestó su oración cien veces más, literalmente.

>> CAPÍTULO 9

CORAZONES
GENEROSOS

Poderoso es Dios para hacer que abunde en vosotros toda
gracia, a fin de que, teniendo siempre en todas las cosas
todo lo suficiente, abundéis para toda buena obra.

—2 CORINTIOS 9.8

La gracia debe encontrar expresión en
vida, de otra manera no es gracia.

—KARL BARTH

La gracia no se nos brinda porque hayamos hecho
buenas obras, sino para que podamos hacerlas.

—AGUSTÍN

>> CUANDO TIENE LUGAR

LA GRACIA, SE PRODUCE

GENEROSIDAD. OCURRE

MAGNANIMIDAD ABRUMADORA

E INDESTRUCTIBLE.

Amy Wells sabía que su tienda para novias estaría concurrida. Futuras novias sacarían el mayor provecho de los días posteriores al de Acción de Gracias. Era común que un grupo conformado por suegros y hermanos de los novios pasara la mayor parte del fin de semana mirando vestidos de boda en la tienda de Amy en San Antonio, Texas. Ella estaba preparada para brindar servicio a los compradores; pero nunca esperó que estuviera ofreciendo gracia a un hombre moribundo.

Al otro extremo de la ciudad Jack Autry se hallaba en el hospital, luchando por mantenerse con vida; estaba en la etapa final del melanoma. Había sufrido un colapso dos días antes y lo habían llevado a toda prisa a la sala de emergencias. Su familia extendida estaba en la ciudad no solo para celebrar juntos el Día de Acción de Gracias sino también para hacer los preparativos para la boda de su hija. Chrysalis estaba a solo meses del matrimonio. Las mujeres en la familia habían planeado pasar el día escogiendo un vestido de novia. Pero ahora con Jack en el hospital, Chrysalis no deseaba ir a la tienda.

Jack insistió. Después de mucha persuasión, ella, su madre, su futura suegra, y sus hermanas fueron al salón de novias. La propietaria de la tienda observó que las mujeres estaban un poco calladas, pero supuso que esta simplemente era una familia silenciosa. Ayudó a Chrysalis a probarse un vestido tras otro hasta que encontró uno de seda y satín color marfil y tipo duquesa que agradó a todos. A Jack le gustaba llamar princesa a su hija, y el vestido, comentó ella, la hacía sentir como una duquesa.

Entonces fue cuando Amy oyó hablar acerca de Jack. Debido al cáncer, el hombre no vendría a ver a su hija con el vestido puesto. Y a causa de las cuentas médicas, la familia aún no estaba en condiciones de pagar el atuendo. Parecía que Jack Autry moriría sin ver a su hija vestida de novia.

Amy no quiso saber nada más. Le dijo a Chrysalis que llevara el vestido y el velo al hospital y que los usara frente a su padre. Así lo expresó ella: «Yo sabía que eso estaba bien. En mi mente no había duda que debía hacer esto. Dios me estaba hablando». No exigió ninguna tarjeta de crédito. Ni siquiera pidió un número telefónico. Instó a la familia a ir directamente al hospital. A Chrysalis no hubo que decírselo dos veces.

Cuando llegó al cuarto de su padre, lo encontró medicado y durmiendo. Mientras los miembros de la familia lo despertaban, las puertas de la alcoba se iban abriendo lentamente, y allí Jack Autry vio a su hija, envuelta en quince metros de seda en capas ondulantes. El hombre pudo permanecer despierto como por veinte segundos.

«Pero esos veinte segundos fueron mágicos —recuerda la joven—. Mi papito me vio entrar usando el más hermoso de los vestidos. Él estaba realmente débil. Sonrió y simplemente se quedó mirándome. Le agarré la mano, y él tomó la mía. Le pregunté si yo parecía una princesa... y él asintió. Me miró un poco más, y parecía estar a punto de llorar. Entonces volvió a dormirse».

Tres días después el padre de la joven murió.[1]

La generosidad de Amy creó un momento de gracia propagándose en cascada. De Dios hacia Amy, de ella hacia Chrysalis, y de esta última hacia Jack.

¿No es así como funciona?

¿No es así como Dios actúa? Él comienza el proceso. No solo ama; nos *prodiga* amor (1 Juan 3.1). No reparte sabiduría de manera parca; «da a todos abundantemente y sin reproche» (Santiago 1.5). El Señor es rico en «benignidad, paciencia y longanimidad» (Romanos 2.4). Su gracia no solo es «abundante» (1 Timoteo 1.14) sino «superabundante» (2 Corintios 9.14–15).

Dios hizo rebosar la mesa del hijo pródigo con un banquete, las tinajas en la boda con vino, y la barca de Pedro con pescado, dos veces más. El Señor sanó a todos los que buscaban ser sanados, enseñó a todos los que querían instrucción, y salvó a todos los que aceptaron el regalo de la salvación.

El Señor «da semilla al que siembra, y pan al que come» (2 Corintios 9.10). La palabra griega para «dar» (*epichoregeo*) descorre la cortina de la generosidad de Dios. Combina «danza» (*choros*) con el verbo «guiar» (*hegeomai*).[2] Literalmente significa «guiar una danza». Cuando el Señor da, también danza de alegría. Empieza a tocar la banda musical y encabeza el desfile dando. A Dios le encanta dar.

Ese Dios prometió incluso un enorme rendimiento por nuestro servicio. Pedro le preguntó a Jesús: «He aquí, nosotros lo hemos dejado todo, y te hemos seguido; ¿qué, pues, tendremos?» (Mateo 19.27). Esa parecía una buena oportunidad para que Jesús reprendiera la mentalidad de «¿qué hay para mí?» en el apóstol. No lo hizo. Al contrario, le aseguró a Pedro, como también a todos los discípulos, que «recibirá cien veces más, y heredará la vida eterna»

(Mateo 19.29). ¡Jesús prometió una ganancia de 10,000%! Si yo le doy ahora diez mil dólares por cada cien dólares que tú me dieras ayer, tú podrías llamarme como la Biblia llama a Dios: generoso.

El Señor dispensa su bondad no con un gotero sino con un chorro contra incendios. Nuestros corazones son como vasitos de papel y el corazón de Dios es como el mar Mediterráneo. Simplemente no podemos contener por completo la bondad del Señor. Así que dejémosla rebosar. Brotar. Derramarse. «De gracia recibisteis, dad de gracia» (Mateo 10.8).

Cuando la gracia tiene lugar, se produce la generosidad; la magnanimidad abrumadora e indestructible.

Sin duda esto le sucedió a Zaqueo. Si en el Nuevo Testamento se habla de un artista de la estafa, este es el hombre. El individuo nunca conoció a alguien a quien no pudiera engañar ni vio un dólar que no pudiera agarrar. El sujeto era «jefe de los recaudadores de impuestos» (Lucas 19.2 NVI). Los recaudadores de impuestos del primer siglo desplumaban a todo lo que caminaba. El gobierno romano les permitía quedarse con todo lo que pudieran agarrar. Zaqueo se quedó con mucho. «Era muy rico» (v. 2 NVI). Rico de auto descapotable de dos asientos. Rico de zapatos de piel de cocodrilo. Rico de traje a la medida y uñas arregladas. Asquerosamente rico.

¿Y culpablemente rico? No sería el primer granuja en sentir remordimientos. Y no sería el primero en preguntarse si Jesús podría ayudarle a quitárselos de encima. Quizás así es como el cobrador de impuestos fue a parar encaramado en un árbol. Cuando Jesús viajaba a través de Jericó, la mitad de los pobladores aparecieron para echar un vistazo. Zaqueo estaba entre ellos. Los ciudadanos no iban a permitir que este enano con tantos enemigos se pusiera frente a la multitud. Así es que el hombre se quedó saltando de arriba abajo detrás del gentío, esperando poder echar un vistazo.

Fue entonces cuando descubrió el sicomoro y salió disparado. Se sintió feliz de poder subirse a una rama para ver pasar a Jesús. Pero nunca imaginó que el Maestro le dedicaría una mirada. Pero Jesús lo hizo. «Zaqueo, date prisa, desciende, porque hoy es necesario que pose yo en tu casa» (v. 5).

El diminuto ladronzuelo miró a un lado y luego al otro, por si en el árbol hubiera otro Zaqueo. Pero resultó que Jesús le estaba hablando ¡a él! De todas las casas de la ciudad, Jesús escogió la de Zaqueo. Financiada con dinero ilegal, y evitada por los vecinos, pero ese día aquella casa fue adornada por la presencia de Jesús.

Zaqueo nunca volvió a ser el mismo. «He aquí, Señor, la mitad de mis bienes doy a los pobres; y si en algo he defraudado a alguno, se lo devuelvo cuadruplicado» (v. 8).

La gracia marchó frente a la puerta principal, y la avaricia salió corriendo por la puerta trasera. La gracia le cambió el corazón.

¿Está la gracia cambiando el tuyo?

Algunas personas resisten el cambio. El siervo desagradecido lo hizo. En la parábola de Jesús, el siervo debía más dinero al rey del que podría pagar. Por mucho que lo intentara, no lo lograría. Más pronto encontraría ranas en las nubes que efectivo para pagar la deuda. «Ordenó su señor venderle, y a su mujer e hijos, y todo lo que tenía, para que se le pagase la deuda. Entonces aquel siervo, postrado, le suplicaba, diciendo: Señor, ten paciencia conmigo, y yo te lo pagaré todo. El señor de aquel siervo, movido a misericordia, le soltó y le perdonó la deuda» (Mateo 18.25–27).

El individuo se fue derechito a la casa de alguien que le debía unos pocos dólares. Una persona bendecida con el perdón tendría que convertirse en «pronto para bendecir», ¿no es verdad? No en este caso. El sujeto exigió el pago. Puso oídos sordos a las peticiones de misericordia que el consiervo le hizo y lo encerró en la cárcel de deudores.

¿Cómo pudo ser tan miserable? Jesús no lo dice. Nos deja para que especulemos, y yo especulo así: La gracia nunca estuvo presente en la vida de aquel siervo. Este creyó que había engañado al sistema y esquilmado al anciano. No salió del castillo del rey con un corazón agradecido («¡Cuán grande es el rey a quien sirvo!»), sino con el pecho hinchado («¡Qué tipo tan astuto soy yo!»). El rey se enteró de la reacción egoísta y se puso como una fiera. «Siervo malvado, toda aquella deuda te perdoné, porque me rogaste. ¿No debías tú también tener misericordia de tu consiervo?» (vv. 32–33).

Quienes reciben gracia deben ofrecer gracia.

¿Está la gracia teniendo lugar en ti?

¿Cuánto tiempo ha pasado desde que tu generosidad asombró a alguien? ¿Desde que alguien reaccionó, diciendo: «¡Por favor! No, de veras, es demasiada generosidad la tuya»? Si ha pasado un buen tiempo, reconsidera la extravagante gracia del Señor. «No olvides ninguno de sus beneficios. Él es quien perdona todas tus iniquidades» (Salmo 103.2–3).

Deja que la gracia te desate el corazón. «Creced en la gracia y el conocimiento de nuestro Señor y Salvador Jesucristo» (2 Pedro 3.18). A medida que lo haces te encontrarás haciendo lo que Chrysalis hizo: iluminar los rincones oscuros con esplendor nupcial y con la promesa de una boda futura.

CAPÍTULO 10

HIJOS ESCOGIDOS

Su gracia, con la cual [Dios] nos hizo aceptos en el Amado.

—EFESIOS 1.6

En Cristo también fuimos hechos herederos,
pues fuimos predestinados.

—EFESIOS 1.11 NVI

Él tuvo la intención de que lo viéramos, de que viviéramos
con él, y de que nutriéramos nuestra vida con su sonrisa.

—A. W. TOZER

>> SOMOS AMADOS POR NUESTRO

CREADOR NO PORQUE

INTENTEMOS AGRADARLE Y

LO CONSIGAMOS, O PORQUE

FALLEMOS EN HACERLO Y LE

PIDAMOS PERDÓN, SINO PORQUE

ÉL DESEA SER NUESTRO PADRE.

Entre 1854 y 1929 aproximadamente doscientos mil huérfanos y niños abandonados en ciudades del Este fueron colocados en trenes con rumbo al Oeste y enviados a través de los Estados Unidos en busca de hogares y familias. Muchos de los niños habían perdido a sus padres en las epidemias. Otros eran hijos de inmigrantes desafortunados. Algunos resultaron huérfanos por la Guerra Civil, y otros más debido al alcohol.

Pero todos necesitaban hogares. Cargados en trenes en grupos de treinta a cuarenta, se detenían en áreas rurales para ser exhibidos. Los alineaban en la plataforma como ganado en subasta. Padres potenciales hacían preguntas, evaluaban la salud, examinaban la dentadura. Si los escogían, los niños iban a sus hogares. Si no, retornaban al tren.

El tren de los huérfanos.

Lee Nailling recuerda la experiencia. Había estado viviendo durante dos años en el orfanato del condado Jefferson cuando, a sus ocho años de edad, fue llevado junto con sus dos hermanos menores a una estación ferroviaria en la Ciudad de Nueva York. El día anterior su padre biológico le había entregado un sobre rosado con su nombre y su dirección, y le había dicho que le escribiera tan pronto como llegara a su destino. El muchacho colocó el sobre dentro del bolsillo de su abrigo. El tren enrumbó hacia Texas. Lee y sus hermanos se quedaron dormidos. Cuando el chico despertó, el sobre rosado había desaparecido.

Nunca lo volvió a ver.

Lo que me habría gustado contar es que el padre de Lee localizó al muchacho. Que, renuente a pasar un segundo más sin sus hijos, vendió todas sus posesiones para poder reunir a su familia. Me encantaría describir el momento en que Lee hubiera oído decir a su papá: «Hijo, ¡soy yo! Vine por ti». Sin embargo, la biografía de Lee Nailling no contiene tal suceso.

Pero sí la tuya.

[Dios] nos escogió en él antes de la fundación del mundo, para que fuésemos santos y sin mancha delante de él, en amor habiéndonos predestinado para ser adoptados hijos suyos por medio de Jesucristo, según el puro afecto de su voluntad. (Efesios 1.4–5)

Hay algo en nosotros que al Señor le agrada. Algo que él no solo aprecia o aprueba sino que ama. Hace que los ojos de Dios se le dilaten y que el corazón le palpite más rápido. Él nos ama. Y nos acepta.

¿No anhelamos saber esto? Jacob sí. El Antiguo Testamento relata la historia de este ser astuto, escurridizo y travieso que no dudó en engañar a su padre para provecho propio. Pasó sus primeros años coleccionando esposas, dinero y ganado del modo en que algunos hombres coleccionan hoy día esposas, dinero y ganado. Pero Jacob comenzó a inquietarse. En su mediana edad tuvo un dolor en el corazón que ni caravanas ni concubinas podían aliviar, así que cargó a su familia y emprendió viaje hacia su tierra natal.

Se hallaba a corta distancia de la tierra prometida cuando armó una tienda cerca del río Jaboc y le dijo a su familia que siguiera adelante sin él. Debía estar solo. ¿Con sus temores? Quizás para armarse de valor. ¿Con sus pensamientos? Descansar un poco de los niños y de los camellos no le vendría mal. No se nos dice por qué fue al río. Pero sí se nos dice que «un hombre luchó con él hasta el amanecer» (Génesis 32.24).

Este era un Hombre con *H* mayúscula, porque no era un individuo común y corriente. Salió de la oscuridad y se abalanzó sobre Jacob. Los dos pelearon toda la noche, tambaleándose y cayendo en el barro de Jaboc. Hubo un momento en que pareció que Jacob vencería, pero el Hombre decidió resolver el asunto de una vez por todas. Con un hábil golpe a la cadera dejó al hebreo retorciéndose como un torero corneado. La sacudida le aclaró la visión, y Jacob comprendió: *Me estoy metiendo con Dios.* Se aferró del Hombre y lo agarró como si la vida dependiera de ello. Entonces le dijo, resuelto: «¡No te soltaré hasta que me bendigas!» (v. 26).

¿Qué vamos a hacer con todo esto? Dios en el barro. Una confrontación con mucha hostilidad. Jacob aferrándose del ángel, luego cojeando. Esto parece más trifulca de contrabandistas que una historia bíblica. Extraño. ¿Pero la solicitud de bendición? Percibo esta parte. Traducido a nuestro lenguaje, Jacob estaba preguntando: «Dios, ¿te importo?»

Yo haría la misma pregunta. Si tuviera un encuentro cara a cara con el Hombre como lo tuvo Jacob, me aventuraría a preguntar: «¿Sabes quién soy? En el gran esquema de las cosas, ¿cuento para algo?»

Muchos mensajes nos dicen que no. Nos despiden del trabajo y nos rechazan en el colegio. Todo, desde el acné hasta el Alzheimer, nos deja sintiéndonos como la chica sin acompañante en la fiesta de graduación.

Reaccionamos. Validamos nuestra existencia con intensa actividad. Hacemos más, compramos más, logramos más. Igual que Jacob, peleamos. Supongo que todas nuestras luchas solo significan que hacemos esta pregunta: «¿Importo algo?»

Creo que solo por gracia, la respuesta de Dios es definitiva: «Sé bendito, hijo mío. Te acepto. Te he adoptado en el seno de mi familia».

Los hijos adoptados son hijos escogidos.

Ese no es el caso de los hijos biológicos. Cuando el médico puso a Max Lucado en manos de Jack Lucado, mi papá no tenía opción de marcharse. Ninguna escapatoria. Ninguna alternativa. No podía devolverme al médico y pedir un hijo más guapo o más inteligente. El hospital hizo que él me llevara a casa.

Pero si tú fueras adoptado, tus padres te escogerían. Ocurren embarazos inesperados. ¿Pero adopciones inesperadas? Nunca oí de alguna. En un caso de adopción, los padres pudieron haber elegido distinto género, color o ascendencia. Pero te seleccionaron a ti. Te quisieron en su familia.

Tú objetas. «Ah, pero si hubieran visto el resto de mi vida, podrían haber cambiado de opinión». Ese es, exactamente, mi punto.

Dios vio todas nuestras vidas de principio a fin. Desde el parto hasta el coche fúnebre, y a pesar de lo que vio, aún estaba convencido de adoptarnos como «hijos suyos por medio de Jesucristo, según el puro afecto de su voluntad» (Efesios 1.5).

Ahora podemos vivir como hijos que hemos «recibido el espíritu de adopción, por el cual clamamos: ¡Abba, Padre!... Y si hijos, también herederos; herederos de Dios y coherederos con Cristo» (Romanos 8.15, 17).

En realidad es así de sencillo.

Aceptar la gracia de Dios es aceptarle la oferta de ser adoptados dentro de su familia.

La identidad que tú tienes no está en tus posesiones, talentos, tatuajes, laureles o logros. No la definen tu divorcio, tus deficiencias, tus deudas o tus decisiones absurdas. Tú eres hijo de Dios. Lo llamas «Papá». «En él, mediante la fe, disfrutamos de libertad y confianza para acercarnos a Dios» (Efesios 3.12 NVI). Recibimos las bendiciones del amor especial del Señor (1 Juan 4.9–11), y su provisión (Lucas 11.11–13). Además, heredaremos las riquezas de Cristo y reinaremos para siempre con él (Romanos 8.17).

La adopción es tanto horizontal como vertical. Somos incluidos en la familia eterna. Además, los muros divisorios de hostilidad se han derrumbado, y se ha creado comunidad en la base de un Padre común. ¡Familia en todo el mundo y al instante!

En vez de evocar razones para sentirnos bien con nosotros mismos, confiemos en el veredicto de Dios. Si él nos ama, debemos ser dignos de ser amados. Si nos quiere en su reino, entonces vale la pena ser tenidos en cuenta. La gracia del Señor nos invita, no nos *exige*, a cambiar nuestras actitudes acerca de nosotros mismos y a tomar partido con Dios en contra de nuestros sentimientos de rechazo.

Hace muchos años viajé a casa de mi madre en el oeste de Texas para ver a mi tío. Él había viajado desde California para visitar la tumba de mi padre, pues no había podido ir al funeral algunos meses antes.

Tío Billy me recordó a mi padre. Ambos eran muy parecidos: corpulentos y de tez rojiza. Reímos, platicamos y recordamos. Cuando llegó el momento de mi partida, mi tío me acompañó hasta el auto. Hicimos una pausa para despedirnos. Se me acercó, me puso la mano en el hombro, y me dijo: «Max, quiero que sepas que tu padre estaba muy orgulloso de ti».

Contuve la emoción hasta que partí. Entonces comencé a llorar a lágrima viva como un niño de seis años de edad.

Nunca superamos nuestra necesidad del amor de un padre. Estamos ansiosos de recibirlo. ¿Podría yo encarnar el papel de un tío Billy en tu vida? La mano en tu hombro es la mía. Las palabras que te brindo son las de Dios. Recíbelas lentamente. No las filtres, no las resistas, no les restes importancia ni las desvíes. Solo recíbelas.

HIJO MÍO, TE QUIERO EN MI NUEVO REINO.
HE DISIPADO TUS OFENSAS COMO A LAS NUBES
MATUTINAS, TUS PECADOS COMO A LA BRUMA DE
LA MAÑANA. TE HE REDIMIDO. LA TRANSACCIÓN
ESTÁ SELLADA: EL ASUNTO ESTÁ RESUELTO. YO, DIOS,
HE TOMADO MI DECISIÓN. TE ESCOJO PARA QUE
SEAS ETERNAMENTE PARTE DE MI FAMILIA.

Deja que estas palabras consoliden en tu corazón una confianza profunda, satisfactoria y tranquilizadora en que Dios nunca te abandonará. Tú le perteneces.

Lee Nailling experimentó tal seguridad. ¿Recuerda al huérfano de ocho años que perdió la carta de su padre? La situación empeoró en vez de mejorar. A él y a sus dos hermanos los llevaron a varias poblaciones. El sexto día alguien en un pueblito de Texas adoptó a uno de sus hermanos. Luego, una familia seleccionó a Lee y a su otro hermano. Pronto enviaron a Lee a otro hogar, el de una familia campesina. Él nunca había estado en una granja. Siendo muchacho de ciudad no sabía ni cómo abrir las puertas de las jaulas de los pollitos. Cuando lo hizo, el enojado granjero lo despidió.

En una sucesión de tristes acontecimientos, Lee perdió a su padre, viajó en tren desde Nueva York hasta Texas, lo separaron de sus dos hermanos, y lo expulsaron de dos hogares. Su corazoncito estaba a punto de reventar. Finalmente, lo llevaron al hogar de un hombre alto y una mujer pequeña y rechoncha. Lee no dijo nada durante su primera comida. Fue a dormir haciendo planes para escapar. A la mañana siguiente lo sentaron ante un desayuno de panecillos con salsa de carne. Cuando alargó la mano para tomar uno... bueno, dejemos que él cuente lo que sucedió.

La señora Nailling me detuvo. «No hasta que bendigamos los alimentos» me dijo. Observé como inclinaron sus cabezas y la señora Nailling comenzó a hablar en voz baja al «Padre nuestro», agradeciéndole por la comida y el hermoso día. Yo conocía lo suficiente acerca de Dios para saber que el «Padre nuestro» de ella era el mismo que se hallaba en la oración del «Padre nuestro que estás en los cielos» que predicadores visitantes nos habían recitado en el orfanato. Pero no podía entender por qué ella le estaba hablando como si él estuviera sentado aquí con nosotros esperando su parte de panecillos. Comencé a retorcerme en la silla.

Luego, la señora Nailling agradeció a Dios «por el privilegio de criar un hijo». Me quedé mirando cuando ella comenzó a sonreír. Me estaba llamando un privilegio. Y el señor Nailling debió haber coincidido con ella, porque también comenzó a sonreír. Por primera vez desde que abordé el tren empecé a relajarme. Una extraña y cálida sensación comenzó a llenar mi soledad y miré la silla vacía a mi lado. Quizás, de alguna manera misteriosa, el «Padre nuestro» estaba sentado allí y escuchaba las palabras en voz baja que se expresaron a continuación: «Ayúdanos a tomar las decisiones correctas cuando lo guiemos, y ayúdale también al chico a tomar las decisiones correctas».

«Manos a la obra, hijo». La voz del hombre me sobresaltó. Ni siquiera había notado el «amén». Mi mente se había detenido en la parte de las «decisiones». Pensé en eso mientras llenaba mi plato. Odio, ira y planes de escaparme parecían haber sido mis únicas decisiones, pero quizás habría otras. Este señor Nailling no parecía tan malo y esto de tener un «Padre nuestro» con quien hablar me sacudió un poco. Comí en silencio.

Después del desayuno, mientras íbamos camino a la peluquería para un corte de cabello, nos detuvimos en cada una de las casas que encontramos en el camino. Y en cada una, los Nailling me presentaban como «nuestro nuevo hijo». Cuando salimos de la última casa supe que a la madrugada del día siguiente no habría huida. Ellos tenían algo acogedor que no había conocido antes. Al menos podía escoger intentarlo.

Y había algo más. Aunque no sabía dónde estaba papá, o cómo podría escribirle, tuve la fuerte sensación de que había hallado no uno sino dos padres, y que les podía hablar a los dos. Y así es como resultó ser.[1]

Vivir como hijos de Dios es saber en el instante mismo que somos amados por nuestro Creador no porque intentemos agradarle y lo consigamos, o porque fallemos en hacerlo y le pidamos perdón, sino porque él desea ser nuestro Padre. Por nada más. Todos nuestros esfuerzos por ganar su afecto son innecesarios. Todos nuestros temores de perder su afecto son superfluos. No podemos hacer que Él nos quiera más de lo que podemos convencerlo que nos abandone. La adopción es irreversible. Tenemos un lugar en la mesa del Señor.

CAPÍTULO 11

EL CIELO: GARANTIZADO

Buena cosa es afirmar el corazón con la gracia.

—HEBREOS 13.9

Que de todo lo que me diere, no pierda yo nada.

—JUAN 6.39

No es que guardemos primero sus mandamientos,
y que luego el Señor nos ame; sino que él nos
ama, y luego guardamos sus mandamientos.

—AGUSTÍN

La gracia es el regalo de sentir seguridad de que el
futuro e incluso nuestra muerte, van a resultar más
espléndidos de lo que nos atreveríamos a imaginar.

—LEWIS SMEDES

>> CONFIEMOS MÁS EN QUE DIOS

NOS SOSTIENE, QUE EN QUE

NOS SOSTENEMOS DE ÉL.

Suspiraba por tener una tarjeta de embarque. Acabo de ver una en el bolsillo de la gabardina de un hombre canoso sentado a mi izquierda, y que con párpados pesados lee una novela de misterio. Un bastón se inclina contra su pierna. Siento la tentación de aprovechar el momento en que se le cierren los ojos para sacarle la tarjeta del bolsillo y correr como un perro escaldado entre el concurrido pasillo, y luego volver a aparecer justo a tiempo para abordar mi vuelo. El hombre nunca sabría qué ocurrió.

¿Desesperado? Como un ratón en un laberinto. Mi vuelo cancelado. El siguiente, lleno. Si lo pierdo me quedo varado aquí hasta mañana por la mañana. Aspirantes a pasajeros se apiñan como ganado en el corral de la sala de espera. Yo mujo entre ellos. Solo momentos antes supliqué a la auxiliar: «Lléveme a casa. Me servirá cualquier cosa que vuele: un 747, un jet de ejecutivo, una avioneta de fumigar, alas delta, una cometa. Lo que sea. En cuanto a asiento, cualquiera. Estoy dispuesto a sentarme en el lavabo de ser necesario». Deslicé una tarjeta Starbucks de regalo a través del mostrador en dirección a la señorita auxiliar. Ella entornó los ojos, poco impresionada, como si únicamente el dinero la sobornara.

«Su nombre está en la lista de espera».

Refunfuño. La terrible lista de espera. El equivalente de las pruebas de aptitud en la banca pero no en el campo de juego. Posibilidad pero sin garantía. Los pasajeros en lista de espera resaltan cada idea con un signo de interrogación. ¿Estoy condenado a vivir de comida de aeropuerto? ¿Aceptará mi tarjeta de crédito el Club Celestial? ¿Es por esto que a un aeropuerto lo llaman terminal?

Los pasajeros con boleto, por el contrario, descansan como un maestro en su primer día de verano. Leen revistas y hojean periódicos. De vez en cuando levantan la mirada para compadecerse de nosotros, el campesinado en espera. ¡Ah, ser contados entre los confirmados! ¡Tener nuestro propio número de asiento y hora de partida! ¿Cómo se puede descansar si no se tiene el cupo asegurado en el último vuelo a casa?

Muchas personas no lo tienen. Muchos cristianos tampoco. Viven con una profunda ansiedad acerca de la eternidad. *Creen* que son salvos, *esperan* ser salvos, pero aún dudan, preguntándose: ¿*Soy* realmente *salvo*?

Esta no es una sencilla pregunta académica. La hacen los niños que aceptan a Cristo. La hacen los padres de hijos pródigos. También la hacen los amigos de los descarriados. Sale a la superficie en el corazón de quienes luchan. Se filtra en los pensamientos de los moribundos. Cuando olvidamos nuestro voto a Dios, ¿se olvida él de nosotros? ¿Nos pone en una lista de espera?

Nuestra conducta nos da motivos para cuestionarnos. Somos fuertes un día, débiles al siguiente. Dedicados una hora, flojos la subsiguiente. Hoy creyentes, mañana incrédulos. Nuestras vidas reflejan las curvas, subidas y bajadas de una montaña rusa.

La sabiduría convencional traza una línea por el medio de estas fluctuaciones. Actúa por encima de esta línea, y disfruta la aceptación de Dios. Pero cae por debajo de ella y espera un tele-grama de despido remitido desde el cielo. En este paradigma una persona está perdida y salvada varias veces al día, dentro y fuera del reino a intervalos regulares. La salvación se convierte en cuestión del tiempo en que alguien se encuentra. Tú simplemente espera morir en una curva ascendente. Sin seguridad, estabilidad o confianza.

Este no es el plan de Dios. Sin duda él traza la línea. Pero la traza por debajo de nuestros altibajos. El lenguaje de Jesús no puede ser más fuerte: «Yo les doy vida eterna; y no perecerán jamás [por toda la eternidad nada los destruirá], ni nadie las arrebatará de mi mano» (Juan 10.28).

Jesús prometió una nueva vida que no puede perderse ni acabar. «El que oye mi palabra, y cree al que me envió, tiene vida eter-na; y no vendrá a condenación, mas ha pasado de muerte a vida» (Juan 5.24). Los puentes se queman y se consigue la transferencia. Los flujos y reflujos continúan, pero no descalifican. Los altibajos podrán marcar nuestros días, pero no nos proscriben del reino de Dios. Jesús conforma nuestras vidas con gracia.

Aun más, Dios reclama su derecho sobre nosotros. «Nos ha puesto una marca que muestra que le pertenecemos: el Espíritu en nuestros corazones como un adelanto que garantiza que nos dará todo lo que nos ha prometido» (2 Corintios 1.22 PDT). Tú has hecho algo similar: has grabado tu nombre en un anillo valioso, o has esculpido tu identidad sobre una herramienta o un iPad. Los vaqueros marcan el ganado con el hierro de la hacienda. La marca proclama propiedad. Dios nos marca a través de su Espíritu. Los aspirantes a abusivos son repelidos por la presencia del nombre del Señor. Satanás es rechazado por la declaración: *No intervengas. ¡Este es hijo mío! Perpetuamente, Dios.*

La salvación «que llega y se va» no aparece en la Biblia. No se trata de un fenómeno repetido. Las Escrituras no contienen ejemplos de una persona que fue salva, luego perdida, después salva otra vez, luego perdida de nuevo.

Donde no hay seguridad de salvación no hay paz. No tener paz significa no tener gozo. Nada de gozo resulta en vidas basadas en el temor. ¿Es esta la vida que Dios crea? No. La gracia forja un alma confiada que declara: «Sé en quién he creído, y estoy seguro de que tiene poder para guardar hasta aquel día lo que le he confiado» (2 Timoteo 1.12 NVI).

Aunque no sabemos todo en la vida, sí sabemos esto: tenemos una tarjeta de embarque. «Estas cosas os he escrito a vosotros que creéis en el nombre del Hijo de Dios, para que sepáis que tenéis vida eterna» (1 Juan 5.13). Confiemos más en que el Señor nos sostiene, que en que nos sostenemos de él. La fidelidad de Dios no depende de la nuestra. El comportamiento de él no se basa en el nuestro. El amor del Señor no está condicionado al que le demostremos. Quizás nuestra vela titile, pero no se apagará.

¿Te parece una promesa difícil de creer? Lo fue para los discípulos.

La noche antes de su muerte, Jesús hizo este anuncio: «Todos ustedes van a perder su fe en mí esta noche. Así lo dicen las Escrituras: "Mataré al pastor, y las ovejas se dispersarán". Pero cuando yo resucite, los volveré a reunir en Galilea» (Mateo 26.31–32 DHH).

A estas alturas, los discípulos habían conocido a Jesús durante tres años. Habían pasado mil noches con él. Le conocían el paso, el acento y el sentido del humor. Le habían olido el aliento, lo habían oído roncar, y lo habían visto limpiarse los dientes después de comer. Habían presenciado milagros de los que conocemos, e incontables más que no conocemos. Pan multiplicado. Leprosos limpiados. Los discípulos lo vieron convertir agua en Chablis y una caja de almuerzo en un buffet al aire libre. Quitaron vestiduras de difunto a un Lázaro que estuvo muerto. Observaron el lodo que cayó de los ojos de un hombre que fue ciego. Durante tres años estos reclutas escogidos disfrutaron los asientos de primera fila de la cancha central de la más grandiosa demostración celestial. ¿Y cómo respondieron?

«Todos ustedes van a perder su fe en mí». Desertaron. Se apartaron. Huyeron. Las promesas para los discípulos se derretirían como cera en la orilla de una calle en verano. Sin embargo, la promesa de Jesús permanecería firme: «Pero cuando yo resucite, los volveré a reunir en Galilea» (v. 32 DHH). ¿Traducción? La caída de ustedes será grande, pero mi gracia será superior. Si tropiezan, yo los agarraré. Si se dispersan, yo los reuniré. Si se alejan de mí, yo iré tras ustedes. Me encontrarán esperándolos en Galilea.

La promesa se perdió en Pedro. «Aunque todos pierdan su fe en ti, yo no la perderé» (v. 33 DHH).

Ese no fue uno de los mejores momentos del apóstol. «Aunque todos...» Arrogancia. «Yo no la perderé». Autosuficiencia. La confianza de Pedro estaba en sus propias fuerzas. Pero las fuerzas del apóstol se acabarían. Jesús lo sabía. «Simón, Simón, he aquí Satanás os ha pedido para zarandearos como a trigo; pero yo he rogado por ti, que tu fe no falte; y tú, una vez vuelto, confirma a tus hermanos» (Lucas 22.31–32).

Satanás atacaría y probaría a Pedro. Pero no reclamaría a Pedro. ¿Por qué? ¿Porque el apóstol era fuerte? No, porque Jesús lo era. «He rogado por ti». Las oraciones del Maestro inmovilizan a Satanás. Esa persona podría tropezar por un tiempo pero no caería totalmente.

Jesús también ora por nosotros. «Padre santo, a los que me has dado, guárdalos en tu nombre, para que sean uno, así como nosotros... Mas no ruego solamente por estos, sino también por los que han de creer en mí por la palabra de ellos» (Juan 17.11, 20).

¿Oirá Dios las súplicas intercesoras de su Hijo? Por supuesto. Así como Pedro, nosotros podríamos ser zarandeados como trigo. Nuestra fe languidecería, nuestra resolución desfallecería, pero no caeríamos del todo. Estamos «guardados en Jesucristo» (Judas 1) y «por el poder de Dios» (1 Pedro 1.5). Y ese no es un poder pequeño. Es el poder de un Salvador vivo y siempre persistente.

No obstante, ¿podría alguien no aprovechar esta certeza? Sabiendo que Dios te agarrará si caes, ¿podrías caer a propósito? Sí, sí podrías hacerlo, por un tiempo. Pero ese alguien cambiará a medida que la gracia se profundice, a medida que el amor y la bondad de Dios penetren. La gracia promueve obediencia.

Piensa en la historia de José, el héroe del Antiguo Testamento. Sus hermanos lo vendieron a unos mercaderes, quienes a su vez lo vendieron a Potifar, un oficial de alto rango en Egipto. Durante su permanencia en la casa de Potifar, José disfrutó del favor de Dios. «Jehová estaba con José, y fue varón próspero... todo lo que él hacía, Jehová lo hacía prosperar... Jehová bendijo la casa del egipcio a causa de José, y la bendición de Jehová estaba sobre todo lo que tenía» (Génesis 39.2, 3, 5). El narrador se asegura que entendamos lo que quiere decir. Dios fue bueno con José. Tan bueno que Potifar dejó todo bajo la supervisión del hebreo. Le entregó el manejo de la casa.

Lo cual podría haber sido un error, porque mientras Potifar estaba afuera, su esposa se interesaba cada vez más en José. Las pestañas le revoloteaban y los labios se le fruncían. Ella «puso sus ojos en José, y dijo: Duerme conmigo» (v. 7).

La tentación tal vez era fuerte. Después de todo, José era joven, totalmente solo, y estaba en una tierra lejana. Sin duda Dios comprendería una efímera aventura, ¿verdad?

Falso. Mire las firmes palabras de José: «¿Cómo, pues, haría yo este grande mal, y pecaría contra Dios?" (v. 9).

La bondad de Dios conmovió la santidad de José.

Su gracia hace lo mismo en nosotros: «La gracia de Dios se ha manifestado para salvación a todos los hombres, enseñándonos que, renunciando a la impiedad y a los deseos mundanos, vivamos en este siglo sobria, justa y piadosamente» (Tito 2.11–12). Esta es una gracia sólida, ¡que declara culpable tanto como consuela! Permite que te declare culpable. Si alguna vez te sorprendes pensando: *Puedo hacer lo que me dé la gana porque Dios me perdonará*, entonces la gracia no está teniendo lugar. Egoísmo, quizás. Arrogancia, sin duda. ¿Pero gracia? No. La gracia crea determinación para hacer lo bueno, no permiso para hacer lo malo.

Deja además que la gracia te consuele. De principio a fin, mira a Cristo. Él es el alfa *y* la omega. Él te sostendrá. Y sostendrá a aquellos que tú amas. ¿Tienes un hijo pródigo? ¿Deseas que tu cónyuge vuelva a Dios? ¿Tienes un amigo cuya fe se haya enfriado? Más que tú mismo, el Señor quiere que esas personas regresen a él. Mantente orando, pero no te des por vencido.

Bárbara Leininger no lo hizo. Ella y su hermana Regina eran hijas de inmigrantes alemanes que se habían asentado en la colonial Pennsylvania. Las dos niñas tenían once y nueve años de edad cuando fueron secuestradas. En un día de otoño de 1755, estaban en la cabaña de la granja con su padre y su hermano cuando dos guerreros indios abrieron de golpe la puerta. Muchos de los nativos de la región eran amigables, pero no este par. Bárbara y Regina se acurrucaron juntas mientras su padre daba un paso adelante. La madre y el segundo hermano de las niñas habían ido ese día al molino. Estaban a salvo, pero no así las dos hijas del granjero.

El padre de las muchachas ofreció alimentos y tabaco a los indios. Les dijo a las niñas que fueran a buscar un cubo de agua, que los hombres estarían sedientos. Mientras las jovencitas salían disparadas, les habló en alemán, diciéndoles que no regresaran hasta que los indios se hubieran ido. Ellas corrieron hacia el arroyo cercano. Mientras las niñas sacaban agua del riachuelo sonó un disparo. Se escondieron en la maleza mientras veían arder la cabaña. Su padre y su hermano nunca salieron, pero los dos guerreros sí.

Encontraron a las niñas ocultas en la maleza y las sacaron a rastras. No tardaron en aparecer otros guerreros y cautivos. Bárbara se dio cuenta que ella y Regina eran solo dos de muchos niños que habían sobrevivido a la masacre. Los días se convirtieron en semanas mientras los indios llevaban a las cautivas hacia el oeste. Bárbara hizo todo lo posible por mantenerse cerca de Regina y darle ánimo. Le recordó a su hermana la canción que su madre les había enseñado:

> *Sola, sin embargo no estoy sola*
> *Aunque en esta soledad tan triste*
> *A mi Salvador siento siempre cerca;*
> *Él me viene a alegrar las arduas horas*
> *Yo estoy con él y él conmigo*
> *Por tanto sola no puedo estar.[1]*

Por las noches, las niñas se cantaban una a la otra hasta quedarse dormidas. Mientras estuvieran juntas creían que podrían sobrevivir; pero en cierto punto los indios se dispersaron, separándolas. Bárbara intentó defender a Regina y solo le soltó la mano ante la amenaza de muerte.

A las dos muchachas las hicieron marchar en direcciones diferentes. El viaje de Bárbara continuó varias semanas, cada vez más profundo en el bosque. Finalmente apareció una aldea india. Quedó claro que tanto ella como los demás niños debían olvidar las costumbres de sus padres. No estaba permitido el inglés, solo el iroqués. Ellos cultivaban campos y curtían pieles. Usaban pantalones de gamuza y mocasines de ante. La chica perdió todo contacto con su familia y compañeros colonos.

Tres años después, Bárbara se escapó. Corrió por los bosques durante once días, llegando finalmente a salvo a Fort Pitt. Rogó a los oficiales que enviaran un equipo de rescate a buscar a Regina pero le dijeron que tal misión sería imposible. Hicieron, sin embargo, arreglos para que la muchacha se reuniera con su madre y su hermano. Nadie tenía noticias de Regina.

Bárbara pensaba todos los días en su hermana, pero su esperanza no tuvo sustento hasta seis años después. Para entonces se había casado y había comenzado a levantar su propia familia cuando recibió la noticia de que habían liberado a 206 cautivos, llevándolos a Fort Carlisle. ¿Podría estar Regina entre ellos?

La joven y su madre se pusieron en camino para averiguarlo. La apariencia de los refugiados las asombró. La mayoría de ellos pasaron años aislados en aldeas, separados de cualquier colono. Estaban demacrados y confundidos. Tan pálidos que se confundían con la nieve.

Bárbara y su madre recorrieron la fila de arriba abajo, pronunciando el nombre de Regina, escudriñando rostros y hablando alemán. Nadie miraba ni contestaba. Madre e hija se alejaron con lágrimas en los ojos y dijeron al coronel que Regina no estaba entre los rescatados.

El hombre las instó a asegurarse. Preguntó acerca de imperfecciones o marcas de nacimiento que sirvieran de identificación. Acerca de reliquias familiares, algún collar o brazalete. La madre negó con la cabeza. Regina no había estado usando joyas. El coronel tuvo una última idea: ¿Había algún recuerdo o canción de la infancia?

Los rostros de las dos mujeres resplandecieron. ¿Qué respecto de la canción que entonaban cada noche? Bárbara y su madre se volvieron de inmediato y comenzaron a recorrer lentamente las filas. Mientras caminaban, cantaban: «Sola, sin embargo no estoy sola...» Por largo tiempo nadie respondió. Los rostros parecían consolados con la canción, pero ninguno reaccionaba ante ella. Entonces de repente, Bárbara oyó un fuerte grito. Una chica alta y esbelta salió corriendo de la muchedumbre hacia su madre, la abrazó, y comenzó a cantar el verso.

Regina no había reconocido a su madre ni a su hermana. Había olvidado hablar inglés y alemán. Pero recordó la canción que le habían puesto en el corazón cuando era una niña.[2]

Dios también pone una canción en los corazones de sus hijos. Un cántico de esperanza y vida. «Puso luego en mi boca cántico nuevo» (Salmo 40.3). Algunos santos entonan esta canción en voz alta a lo largo de todos los días de sus vidas. En otros casos, el cántico queda en silencio. Los sufrimientos y las heridas de la vida silencian la música en el interior. Pasan largas temporadas en que no se canta la canción del Señor.

Quiero ser cuidadoso aquí. Lo cierto es que no siempre sabemos si alguien ha confiado en la gracia de Dios. Una persona podría tener fe poco sincera pero sin mala intención.[3] No nos corresponde saberlo. Pero sí sabemos esto: donde hay conversión verdadera hay salvación eterna. Nuestra tarea es confiar en la habilidad de Dios para invitar a sus hijos a regresar a casa. Nos unimos al Señor mientras él camina entre sus hijos descarriados y heridos, cantando.

Con el tiempo, los suyos oirán su voz, y algo dentro de ellos despertará. Y cuando esto ocurra, ellos comenzarán a cantar otra vez.

>> CONCLUSIÓN

CUANDO LA GRACIA OCURRE

Esfuérzate en la gracia que es en Cristo Jesús.

—2 TIMOTEO 2.1

Transformaos por medio de la renovación de vuestro
entendimiento, para que comprobéis cuál sea la
buena voluntad de Dios, agradable y perfecta.

—ROMANOS 12.2

Aunque la obra de Cristo está concluida para el
pecador, aún no está concluida en el pecador.

—DONALD G. BLOESCH

No entiendo en absoluto el misterio de la
gracia... solo que nos encuentra donde estamos
pero no nos deja donde nos encontró.

—ANNE LAMOTT

» MÁS VERBO QUE SUSTANTIVO,

MÁS TIEMPO PRESENTE QUE

TIEMPO PASADO, LA GRACIA NO

SOLAMENTE TUVO LUGAR EN

EL PASADO; OCURRE AHORA.

Los niños de diez años toman muy en serio los regalos de Navidad. Al menos eso hacíamos en la clase de cuarto grado de la señora Griffin. El intercambio de regalos por las fiestas superaba a la elección presidencial, al reclutamiento de la NFL, y al desfile del cuatro de julio. Conocíamos bien el procedimiento. En la víspera del Día de Acción de Gracias, la señora Griffin escribía cada uno de nuestros nombres en pedazos de papel, los ponía en una gorra de béisbol, y luego revolvía. Uno a uno íbamos a su escritorio y sacábamos el papel con el nombre del compañero a quien le daríamos un regalo.

Según la Ley de Intercambio de Regalos de la Convención de Ginebra nos daban instrucciones de mantener en secreto la identidad del beneficiario. No estaba permitido divulgar el nombre. No decíamos a nadie para quién íbamos a comprar algo. Pero decíamos a todos lo que cada uno deseaba. ¿Cómo más lo sabrían? En todas partes y todos los días dejábamos pistas igual que el invierno canadiense deja caer nieve. Me aseguraba que todos mis compañeros de clase supieran que yo quería un Sixfinger.

En 1965 todo niño estadounidense de pura sangre quería un Sixfinger. Conocíamos de memoria el eslogan: «Sixfinger, Sixfinger, ¡Dios mío! ¿Cómo pude alguna vez arreglármelas con solo cinco?»

El Sixfinger era más que un juguete. Sí, señor. Podía disparar una tapa bomba, misiles con mensajes, balas secretas, y una señal SOS. Vaya, hasta tenía un bolígrafo oculto. ¿Quién podía vivir sin un Sixfinger? Yo no. Y me aseguré que lo supieran los otros doce alumnos en la clase de la señora Griffin.

Pero Carol no estaba escuchando. Carolita, la de trenzas, pecas y brillantes zapatos negros. No permitas que la dulce apariencia de ella te engañe. La chica me destrozó el corazón. Porque el día del gran intercambio de regalos rasgué el envoltorio de mi caja para encontrar solamente papel y sobres para esquelas. Tú leíste correctamente. ¡Papel para esquelas! Sobres cafés con tarjetas dobladas para notas con la imagen de un vaquero enlazando un caballo. ¿Qué chico de diez años usa papel para esquelas?

Existe un término para esta clase de regalo: *obligatorio*. Es el que se da por compromiso. El regalo «Uy, casi olvido conseguir alguna cosa».

Puedo imaginar la escena en casa de Carolita esa fatídica mañana de 1965. Ella está desayunando. Su madre plantea el asunto de la fiesta de Navidad en la clase.

—Carolita, ¿no se supone que lleves algunos regalos a la clase?

—¡Lo olvidé! —exclama Carolita dejando caer la cuchara en sus Rice Krispies—. Se supone que lleve un regalo para Max.

—¿Para quién?

—Para Max, mi apuesto compañero de clase que sobresale en todos los deportes y disciplinas, y que es totalmente educado y humilde en toda forma.

—¿Y apenas ahora me lo estás diciendo? —pregunta la mamá de Carol.

—Lo olvidé. Pero yo sé lo que él quiere. Desea un Sixfinger.

—¿Un protésico?

—No. Un Sixfinger. «Sixfinger, Sixfinger, ¡Dios mío! ¿Cómo pude alguna vez arreglármelas con solo cinco?»

—¡Bah! —se burla la madre ante la idea—. Sixfinger mi tía Edna.

Entonces, se dirige al clóset y empieza a hurgar... bueno, a revolver. Encuentra un par de medias deportivas estampadas que su hijo había descartado y una vela aromática con forma de dinosaurio. Casi elige la caja de bolígrafos Bic, pero entonces descubre el papel para esquelas.

—No lo hagas, mamá —suplica Carol cayendo de rodillas—. No le des papel para esquelas con un vaquerito enlazando un caballo. Cuarenta y siete años a partir de ahora él describirá este momento en la conclusión de un libro. ¿Quieres realmente ser recordada como alguien que dio un obsequio obligatorio?

—Bah, tonterías —objeta la mamá de Carol—. Dale el papel para esquelas. De todos modos ese chico está destinado a ir a la cárcel. Allá tendrá tiempo suficiente para escribir cartas.

Y me dio el regalo. ¿Y qué hice con él? Lo mismo que tú hiciste con las tazas de café, las estupideces, el suéter color naranja con negro, la loción de manos de parte de la funeraria, y el calendario de la compañía de seguros. ¿Qué hice con el papel para esquelas? Al año siguiente lo regalé en la fiesta de Navidad de la clase.

Sé que no deberíamos quejarnos. Pero sinceramente, cuando alguien te pasa una barra de jabón de hotel y dice: «Esto es para ti», ¿no detectas una falta de originalidad? Pero cuando una persona da un verdadero obsequio, ¿no ves en ello una presencia de afecto? El suéter tejido a mano, el álbum de fotos del verano pasado, el poema personalizado, el libro de Lucado. Tales regalos te convencen de que alguien planeó, preparó, ahorró o buscó. ¿Decisión de último minuto? No, este obsequio fue exclusivamente para ti.

¿Has recibido alguna vez uno de esos regalos? Sí, los has recibido. Perdón por hablar en tu nombre, pero sé la respuesta cuando hago la pregunta. A ti te han dado un regalo personal. Uno solo para ti. «*Os ha* nacido hoy, en la ciudad de David, un Salvador, que es CRISTO el Señor» (Lucas 2.11, énfasis del autor).

Un ángel pronunció estas palabras. Pastores las oyeron primero. Pero lo que el ángel les dijo, lo dice el Señor a todo aquel que escuche. «Hoy ha nacido un Salvador *para ti*». Jesús es el regalo.

Cristo mismo es el tesoro. La gracia es preciosa porque él lo es. La gracia cambia vidas porque él las cambia. La gracia nos reafirma porque él lo hará. El regalo es el Dador. Descubrir gracia es descubrir la total devoción de Dios por ti y la divina determinación obstinada por darte limpieza, curación y amor purgador que levanta de nuevo a los heridos y los pone de pie. ¿Se para él en una colina y apuesta a que tú saldrás del valle? No. El Señor se lanza y te saca cargándote. ¿Construye él un puente y te ordena que lo cruces? No. Él cruza el puente y te lleva a ti en hombros. «Ninguno de ustedes se ganó la salvación, sino que Dios se la regaló» (Efesios 2.8 TLA).

Este es el obsequio que Dios brinda. Una gracia que nos concede primero el poder para recibir amor, y luego el poder para ofrecerlo. Una gracia que nos cambia, nos moldea, y nos lleva a una vida que es eternamente alterada. ¿Conoces tú esta gracia? ¿Confías en ella? Si no es así, puedes hacerlo. Lo único que Dios quiere de nosotros es fe. Pon tu fe en él.

Y crece en la gracia del Señor. Más verbo que sustantivo, más tiempo presente que tiempo pasado, la gracia no solo tiene lugar; ocurre. Aquí se da la gracia.

La misma obra que Dios hizo.

   por medio de Cristo

     hace mucho tiempo

       en una cruz

  es la obra que el Señor hace

    por medio de Cristo

      ahora mismo

       en ti.

Permítele que él haga la obra. Deja que la gracia venza el registro de arrestos, los críticos, y la conciencia culpable. Mírate por lo que tú eres: el proyecto personal de remodelación de Dios. No un mundo para ti mismo sino una obra en manos del Señor. Ya no definido por fracasos sino refinado por ellos. Confiando menos en lo que tú haces y más en lo que Cristo hizo. Menos falto de gracia, y más moldeado por esa gracia. Convencido en lo profundo de los sustratos del alma que Dios está animando esta obertura llamada vida, que la esperanza tiene sus razones, y que la muerte tiene su fecha debida.

Gracia. Deja que ella, deja que el Señor, se filtren de tal modo en las crujientes grietas de tu vida, que lo suavicen todo. Luego permite que ella, permite que él, rebosen en la superficie, como un manantial en el Sahara, en palabras de bondad y acciones de generosidad. Dios te cambiará a ti, amigo lector. Tú eres un trofeo de bondad divina, un partícipe de la misión del Señor. No perfecto por ningún medio sino más cerca de la perfección de lo que alguna vez hayas estado. Cada vez más fuerte, gradualmente mejor, sin duda más cerca.

Esto ocurre cuando tiene lugar la gracia. Que te ocurra a ti.

GUÍA DEL LECTOR

por Kate Etue

Gracia es la voz que nos invita a cambiar y luego nos permite ceder el paso al poder transformador de Dios. La gracia importa porque Jesús importa, y actúa porque él lo hace. Existe esperanza e ilusión asombrosas para cada uno de nosotros al imaginar cuán diferentes pueden ser nuestras vidas si las confiamos en las manos de la gracia. Con este fin, esta guía del lector es una herramienta práctica para poder ahondar la comprensión en cuanto a la gracia, descubrir los lugares donde fluya la gracia de Dios, e identificar esas áreas que podrían necesitar un toque particular de gracia.

Esta guía consta de doce estudios, uno por semana. Al inicio del estudio para cada semana se encuentra el versículo central para esa lección. La sección «Lectura de *Gracia*» crea el marco para el estudio, señalando el tema para la lección de la semana mediante la exploración de una cita del libro. Después viene la «Revisión bíblica». Los pasajes selectos están destinados a ayudarte a pensar más profundamente respecto al tema y al versículo clave de la semana. Meditar en la Palabra de Dios nos ayuda a captar mejor la gracia divina. La próxima sección, «Pregúntate», plantea interrogantes relacionados con el caminar en relación con la gracia que tú estás mostrando: hábitos, perspectivas y relación con Dios. «Recurre a Dios» es una guía de oración, tu conversación personal con el Dador de la gracia. Pasa tiempo allí, hablando con Dios y escuchándolo. Finalmente, en «Explora la vida moldeada por la gracia» tú encontrarás pensamientos en los cuales reflexionar y pasos prácticos a tomarse que le darán a la gracia un lugar predominante en tu vida.

Esta guía funciona como un estudio para grupos pequeños o para llevarlo a cabo individualmente. Si tú lo realizas por tu cuenta, decide cuántas preguntas contestarás cada día. Ora acerca de este viaje. Pide dirección a Dios respecto a cómo aplicar lo que has aprendido. Si participas en un grupo pequeño, completa por tu cuenta las preguntas de «Revisión bíblica». Luego asiste a la sesión del grupo, preparado para discutir las «Preguntas».

Mientras abres el corazón a este estudio, pide a Dios una comprensión más profunda de la naturaleza de la gracia y de su poder transformador. Experimentarás la gracia de Dios limpiándote en maneras que te asombrarán. Recuerda que la gracia de Dios es un regalo para cada uno de nosotros: Más que lo merecido, mucho más que lo imaginado.

>> CAPÍTULO 1

LA VIDA MOLDEADA POR LA GRACIA

Os daré corazón nuevo, y pondré espíritu
nuevo dentro de vosotros.

—Ezequiel 36.26

LECTURA DE *GRACIA*

«He aquí mi corazonada: nos hemos conformado con una gracia temerosa, que ocupa cortésmente una frase en un himno o calza bien en el letrero de una iglesia. Jamás causa problemas ni exige una respuesta. Cuando alguien te pregunta si crees en la gracia ¿cómo decir que no? Este libro hace preguntas más profundas: ¿Has sido tú cambiado por la gracia? ¿Conformado por la gracia? ¿Fortalecido por la gracia? ¿Alentado por la gracia? ¿Enternecido por la gracia? ¿Agarrado por el cogote e impactado por la gracia? La gracia es la voz que nos incita al cambio y que luego nos da el poder para llevarlo a cabo».

REVISIÓN BÍBLICA

1. Investiga lo que estos versículos dicen de la gracia de Dios:

   Juan 1.16–17
   Romanos 1.5
   Romanos 5.19–6.2
   1 Corintios 15.10
   2 Corintios 12.7–9
   Efesios 2.8–9

2. Basándote en el estudio bíblico anterior, ¿cómo definirías ahora la gracia piadosa? ¿Qué implica esta definición para la vida de un seguidor de Cristo?

3. Lee Romanos 12.9–21. Explica cómo puede la gracia obrar en nosotros a fin de lograr los objetivos de este pasaje. ¿Cuál es nuestro papel en lograr esta transformación?

4. Lee Gálatas 2.15–21 y 3.10–29. Basándote en estos pasajes, ¿por qué crees que la gracia fue una idea tan radical para los primeros cristianos? ¿Por qué es una idea radical incluso para nosotros hoy día?

5. La Biblia nos dice que nos aseguremos «de que nadie deje de alcanzar la gracia de Dios» (Hebreos 12.15 NVI). ¿Cuál es nuestra responsabilidad como cristianos para con las personas con que nos topamos cada día? Piensa en maneras específicas en que tú puedas comunicar la gracia de Dios a las diferentes vidas con las que entras en contacto en un día dado:

- extraños con que te topas brevemente en restaurantes, en almacenes, en las aceras, etc.
- familiares
- amigos que no conocen al Señor
- compañeros de trabajo
- relaciones casuales (gente que tú ves con regularidad pero que no conoces de modo personal, tales como carteros, farmaceutas, cajeros de supermercado, etc.)

PREGÚNTATE

1. ¿Cómo el capítulo 1 de *Gracia* expande o apoya el entendimiento que tú tienes en cuanto a la «acción» de la gracia?

2. Discute las muchas maneras en que usamos la palabra *gracia*. ¿Cómo ha contribuido esto al concepto «endeble» de gracia?

3. Piensa por un instante en tu vida cotidiana. ¿Qué papel representa la gracia en tus decisiones, tus relaciones y tus pensamientos?

4. ¿Sientes la necesidad de limpiar tu vida antes de que Dios te acepte? ¿Te aseguras de que otros vean las buenas obras que tú realizas? ¿Te acuestas sintiéndote culpable si no has leído cierta cantidad de versículos ese día? ¿O te descubres practicando viejos hábitos que debes cambiar porque crees que Dios te va a perdonar?

5. Max dice que de todas las religiones solo el cristianismo proclama la «presencia de su fundador *en* sus seguidores». ¿Por qué importa esta diferencia? ¿Cómo afecta esto la vida del seguidor?

6. Piensa en alguien que viva moldeado por la gracia. ¿Qué ves tú en él o ella que te gustaría modelar en tu propia vida?

7. ¿Cómo afectaría a tu familia, a tus amigos, a tu trabajo, a tu hogar y a otras personas, si permitieras que Dios reemplazara el corazón tuyo con el de él, que pusiera el cielo dentro tuyo? Sé específico: ¿Cómo cambiarían las cosas para quienes están a tu alrededor?

8. Pregúntate:

> ¿Me ha cambiado la gracia?
>
> ¿Me ha moldeado?
>
> ¿Me ha fortalecido?
>
> ¿Me ha inspirado?
>
> ¿Me ha enternecido?
>
> ¿Me ha agarrado por el cogote y me ha impactado?

RECURRE A DIOS

Padre misericordioso: No te puedo ocultar nada... ningún hábito perjudicial, ninguna relación malsana, ningún pecado secreto. Pero tú quieres sacarme del fango y limpiarme con tu gracia. Sé que deseas quitar mi corazón de piedra y poner en su lugar uno nuevo lleno de gracia. Oh Señor, hazme deseoso de recibir ese corazón nuevo. Debilita el control que ejerzo en mi desordenada vida, de modo que mis manos estén abiertas para recibirte en toda forma. En el nombre de tu Hijo oro, amén.

EXPLORA LA VIDA MOLDEADA POR LA GRACIA

¿Qué área carente de gracia en tu vida te está molestando ahora mismo? Una vez que hayas orado y te hayas hecho estas preguntas, pregúntate: ¿Hay algún asunto persistente que deba atender? Comprométete a permitir que la gracia de Dios remodele esta parte de tu carácter. Mantente abierto a la guía divina a medida que la gracia obre ese cambio en tu vida.

>> CAPÍTULO 2

EL DIOS QUE SE INCLINA

Aunque nuestro corazón nos condene, Dios es más grande que nuestro corazón y lo sabe todo.

—1 Juan 3.20 nvi

LECTURA DE *GRACIA*

«En la presencia de Dios, en desafío a Satanás, Jesucristo se levanta en nuestra defensa. Asume el papel de un sacerdote... He aquí el fruto de la gracia: salvados por Dios, resucitados por Dios, sentados con Dios. Dotados, equipados y comisionados. Adiós a las condenaciones terrenales: *Estúpido. Improductivo. Torpe. Charlatán. Perdedor. Miserable.* Ya no más. Tú eres quien *él* dice que eres: *Espiritualmente vivo. Celestialmente posicionado. Relacionado con Dios. Una valla publicitaria de misericordia. Un hijo honrado.* A esto se le llama gracia: "Cuando el pecado abundó, sobreabundó la gracia" (Romanos 5.20). Satanás queda sin habla y sin municiones».

REVISIÓN BÍBLICA

1. ¿Qué revela Juan 8.2–11 respecto a cómo actúa la gracia en oposición a la ley?

2. Lee Romanos 5.20–21, preferiblemente en dos o tres versiones distintas. La NVI dice que esta es «la gracia que nos trae justificación». Este versículo describe la gracia de Dios como algo que produce cambio. ¿Cómo resultó el encuentro de Jesús con la mujer adúltera en un ejemplo de gracia que justifica? ¿Has experimentado tú gracia justificadora? ¿La has presenciado en las vidas de otros? Explica.

3. Lee Romanos 8.1–4. Aunque este pasaje nos asegura que no hay condenación para quienes están en Cristo Jesús, ¿por qué a veces batallamos por abandonar la culpa o la vergüenza por nuestro pasado? ¿Cómo podemos rechazar la vergüenza y más bien descansar en nuestra seguridad en Cristo?

4. ¿Cuál es la diferencia entre la culpa proporcionada por Dios y las destructivas acusaciones de culpa lanzadas por Satanás? (Lea 2 Corintios 7.11.) ¿Cómo podemos reconocer el origen de nuestra culpa?

5. Lee Salmo 86. ¿Qué revelan estos versículos acerca de la relación entre la gracia y el perdón? ¿Cómo nos anima este salmo a buscar el perdón y la ayuda de Dios?

PREGÚNTATE

1. ¿Cómo nos condenan nuestros corazones? ¿Por qué la voz de la condenación es más fuerte que el anuncio de la gracia?

2. ¿Cuál es el mayor remordimiento que tú sientes? ¿Hacia qué te vuelves en busca de ánimo o esperanza cuando quedas atrapado en el ciclo de preocupación a causa de tu remordimiento?

3. Dios sabe todo respecto a ti, hasta lo más mínimo. Y esto no cambia el hecho de que él te haya llenado de sí mismo, es decir con la gracia divina, y que te haya diseñado con un propósito único. ¿Cuál es ese propósito? ¿Por qué el Señor decidió llenarte de sí mismo? ¿Cómo suaviza los bordes ásperos en ti la presencia de Dios?

4. Explica la afirmación de Max de que «la gracia tiene que ver con un Dios que se inclina» según se presenta el tema en este capítulo. ¿Qué significa esto para quienes siguen hoy día a Cristo?

5. Enumera otros ejemplos de ocasiones en que Jesús «se inclinó» para demostrar gracia a alguien. ¿Qué revelan estos ejemplos con relación a la naturaleza de la gracia?

6. Imagínate cómo sería tu vida si no te preocuparas de tu pasado. Imagina poder levantarte por la mañana sin remordimientos, sin vergüenzas, sin sentimientos de fracaso. ¿Cómo alteraría tu vida cotidiana, tus decisiones, tus acciones y tus metas entender esta verdad?

7. Tú eres una valla publicitaria de la misericordia de Dios para quienes están dentro de tu círculo de influencia. ¿Qué mensaje reciben las personas cuando observan la vida que tú llevas? A fin de que la gracia de Dios sea el mensaje principal de tu vida, ¿hay algo que tú debas ajustar, rechazar o perdonar?

8. ¿Qué significa que «la gracia de Dios es más grande que nuestros corazones»? ¿Por qué debe darnos confianza el hecho de que Dios lo sepa todo?

RECURRE A DIOS

Somos libres de condenación, pero la Biblia también nos dice que confesemos nuestros pecados a Dios. En este acto de confesión la luz de la gracia de Dios entra a nuestras vidas. Pasa algún tiempo hablándole al Señor acerca de las acusaciones y condenaciones que te han hecho, y acepta el corazón limpio que él te está ofreciendo.

EXPLORA LA VIDA MOLDEADA POR LA GRACIA

Mira tú programación de hoy. ¿Estás demasiado ocupado para apreciar la gracia de Dios? ¿Qué puedes eliminar de tu rutina diaria para poder disfrutar el amor divino? Respira hondo, y toma algunas decisiones difíciles. Valdrá la pena.

>> CAPÍTULO 3

OH, DULCE CAMBIO

Jehová cargó en él el pecado de todos nosotros.

—Isaías 53.6

LECTURA DE *GRACIA*

«El pecado no es una lamentable equivocación o un tropezón ocasional, sino que escenifica un golpe de estado contra el régimen de Dios; toma por asalto el castillo, reclama el trono de Dios, y desafía la autoridad divina. El pecado grita: "Quiero dirigir mi propia vida, ¡muchas gracias!" Le dice a Dios que se vaya, que desaparezca, y que no vuelva. El pecado es insurrección de primer orden, y tú eres un insurrecto. Yo también lo soy. Lo es todo aquel que ha respirado en este mundo».

REVISIÓN BÍBLICA

1. Lee acerca de la evaluación que hace Pilato de Jesús en Marcos 15.6–10, Lucas 23.4–7, y Juan 18.28–31. ¿Por qué quiso Pilato liberar a Jesús? ¿Qué nos dice esto del carácter de Jesús?
2. Lee Lucas 23.18–25. Describe el carácter y los delitos de Barrabás. ¿Por qué fue liberado de la cárcel?
3. ¿Qué revelan los siguientes versículos respecto a la condición pecaminosa de la humanidad?

   Lucas 19.10
   Juan 3.16
   Juan 3.36
   2 Corintios 4.3–4
   Efesios 2.1
   Efesios 2.12

4. ¿Qué nos dice Lucas 19.12–14 acerca de la perspectiva de Jesús sobre el pecado?

5. ¿Cómo se compensa el castigo por el pecado mediante el sacrificio de Cristo? (Ver Romanos 6.20–23.)

PREGÚNTATE

1. ¿Quién o qué es lo que gobierna ahora tu vida? ¿Cómo te aseguras de honrar a diario el regalo de la gracia?

2. Max dice: «El pecado no es una lamentable equivocación o un tropezón ocasional, sino que escenifica un golpe de estado contra el régimen de Dios». Piensa en los aspectos con que tú luchas a menudo. ¿Cuáles de ellos consideras tropiezos ocasionales, y cuáles parecen más golpes de estado contra el régimen de Dios? En tú opinión, ¿qué hace la diferencia? ¿Cuál es el punto de vista del Señor?

3. Puesto que Dios sabía que pecaríamos, diseñó un plan para rescatarnos del verdugo, de igual modo que Barrabás fue perdonado por Pilato. ¿Qué respuesta emocional sientes tú con relación a esta verdad? ¿En qué maneras prácticas te motiva o te inspira esto a ti?

4. ¿Has aceptado el conocimiento de que Cristo murió por el mundo, incluso aunque mantenga una segura distancia hacia la verdad de que Cristo murió por ti? Consciente de tu propio pecado y necesidad de perdón, ¿ves tú a Jesús en una nueva manera después de leer este capítulo?

5. La gracia se originó a un alto costo. Según el apóstol Pablo en Romanos 6, cuando aceptamos a Cristo como Salvador morimos al pecado, y este ya no nos esclaviza. La

«gracia endeble» se produce al malentender la enormidad del sacrificio. ¿Cómo se puede maltratar, empañar o menospreciar el regalo de la gracia a través de esta mala interpretación?

6. ¿Alguna vez te han atribuido a ti una falta cometida por otra persona? ¿Cómo te sentiste? ¿Cómo reaccionaste ante esta injusticia?

7. ¿Has experimentado épocas de duda con relación al regalo divino de la gracia? ¿Por qué? ¿Qué sucedió para que revivieras tu fe?

8. «Bienaventurado aquel cuya transgresión ha sido perdonada», dice el salmista (Salmo 32.1). ¿Puedes tú expresar la diferencia que el perdón de Dios ha realizado en tu vida?

RECURRE A DIOS

Padre celestial, santo Hijo, tu regalo de gracia te costó muy caro. Pero muy a menudo no me centro en tu sacrificio. Mi pecado convierte en burla tu regalo. Por favor, perdona mi egoísmo. Renueva mi sentimiento de asombro ante tu gracia. Dame fortaleza y sabiduría para llevar una vida que refleje el amor que me tienes de modo que otros te vean a ti, no a mí. Oro en el santo nombre de Jesús, amén.

EXPLORA LA VIDA MOLDEADA POR LA GRACIA

Haz un breve retiro en algún momento esta semana. Dedica un par de horas el fin de semana, o en un día entre semana antes del trabajo, a fin de pasar tiempo con Cristo. Con renovada perspectiva lee la historia de la crucifixión de Jesús como si la estuvieras oyendo por primera vez. Pasa tiempo en oración contemplando de veras la importancia de lo que Cristo hizo por ti. Dedícate a centrarte en este regalo durante el resto de la semana para que al conocerte a ti otros puedan conocer más de Dios.

>> CAPÍTULO 4

TÚ PUEDES DESCANSAR AHORA

Venid a mí todos los que estáis trabajados y
cargados, y yo os haré descansar.

—MATEO 11.28

LECTURA DE *GRACIA*

«La segunda redención eclipsó a la primera. Dios no envió a Moisés sino a Jesús. No derrotó a Faraón sino a Satanás. No lo hizo con diez plagas sino con una sencilla cruz. El mar Rojo no se abrió, pero sí la tumba, y Jesús guió a la tierra de No Más a todo aquel que quiso seguirlo. No más guardar la ley. No más luchar por la aprobación de Dios. "Ahora pueden descansar", les dijo».

REVISIÓN BÍBLICA

1. Lee Éxodo 15–16. ¿Qué cambió para los israelitas entre estos dos capítulos? ¿Qué les hizo olvidar que el Señor ansiaba darles descanso?

2. Lee Gálatas 2–3. ¿De qué modo los cristianos de la iglesia primitiva se estaban comportando igual que los hebreos que escaparon de Egipto? ¿Qué les dijo Pablo a este respecto?

3. Lee los siguientes versículos, y observa qué dicen acerca de cómo entramos al cielo.

   Romanos 6.23
   Gálatas 3.13
   Efesios 2.8
   1 Juan 5.11

4. Lee Mateo 11.28 y Hebreos 13.9. ¿Cómo nos da fuerzas Dios cuando estamos cansados? ¿Existen algunas trabas adheridas a las promesas del Señor? ¿Alguna letra pequeña en el

contrato de gracia? ¿Has experimentado tú en tu propia vida la infusión de fortaleza divina durante una época difícil? De ser así, describe lo que sucedió.

5. ¿Qué nos dice Gálatas 2.21 acerca de ganar la salvación? ¿Cómo concuerdas tú con esta verdad?

PREGÚNTATE

1. ¿Qué es aquello que te produce cansancio? ¿A qué debes prestar atención ahora mismo? ¿Cómo se relaciona esto con tu vida espiritual?

2. ¿Qué aspecto de nuestra cultura nos impulsa hacia una mentalidad de «salvación por obras»? ¿Cómo podemos remodelar nuestra manera de pensar?

3. ¿Crees tú que Dios nos califica según un sistema mediante el cual ganamos su favor de igual modo que un Niño Explorador obtiene insignias? ¿Qué buenas obras «cuelgas tú de tu cinto» para que todos las vean?

4. ¿Te es difícil confiar en la gracia de Dios? ¿Por qué sí o por qué no?

5. ¿Qué significa descanso en el contexto de este estudio?

6. ¿Cuán diferente es la vida cristiana para quienes descansan solo en la gracia, de aquellas que se esfuerzan por ganarla? ¿Cuáles son las implicaciones prácticas de confiar solamente en la gracia de Dios?

7. ¿Qué problemas teológicos surgen cuando creemos que debemos ser buenos para ganar el favor de Dios?

8. ¿Qué es debilidad espiritual? ¿Has experimentado tú una época de fatiga espiritual? ¿Cómo se convierte en una tarea

sagrada el descanso espiritual? ¿Cómo podemos pasar de sentirnos abatidos a descansar en el Señor?

RECURRE A DIOS

Dios, gracias por el inmenso regalo gratis de tu gracia. Entregaste a tu Hijo en mi lugar a fin de que yo no tuviera que esforzarme por borrar mi pecado. Ya hiciste eso por mí. Tu gracia es lo único que necesito, y todo lo que requieres de mí es que la acepte. Sé que nunca podré ser suficientemente bueno ni podré hacer lo suficiente para merecer tu regalo. Perdona mis pensamientos absurdos que afrentan tu sacrificio, y recuérdame que solo tú puedes salvarme. Eres mi esperanza y mi salvación. En el nombre de tu Hijo oro, amén.

EXPLORA LA VIDA MOLDEADA POR LA GRACIA

Piensa en situaciones en las que has experimentado el gozo de servir a otros sin esperar reconocimiento o recompensa. Haz una lista (solo para ti mismo) de ocasiones en que alguien se interesó en ti o te ayudó sin contarlo a nadie más. Considera otros ejemplos de llevar una vida moldeada por gracia, no por un deseo de ganarte la aprobación de Dios sino más bien porque el regalo divino de gracia motiva a las personas a ser dadoras de gracia. Planifica ser dador de gracia esta semana, de modo silencioso y secreto. Y luego agradece a Dios por la oportunidad.

>> CAPÍTULO 5

PIES MOJADOS

Sed benignos unos con otros, misericordiosos,
perdonándoos unos a otros, como Dios
también os perdonó a vosotros en Cristo.

—Efesios 4.32

LECTURA DE *GRACIA*

«La gracia no es ciega. Ve perfectamente la herida. Pero elige ver aun más el perdón de Dios. Se niega a dejar que el dolor le envenene el corazón».

REVISIÓN BÍBLICA

1. Lee Juan 13. ¿Por qué lavó Jesús los pies a los discípulos? En tu opinión, ¿merecían ellos que Cristo les lavara los pies? ¿Por qué? ¿Por qué no?

   a. ¿Cómo este suceso muestra el señorío y la humildad de Jesús?

   b. ¿Cómo se aplica a los creyentes de hoy esta antigua costumbre? ¿Qué podemos tomar de esta historia?

2. ¿Qué instrucción dio Jesús a sus discípulos en Juan 13.14–15? ¿Qué aplicación práctica hay para nosotros hoy día?

3. ¿Cual es la relación entre ser perdonado y ser perdonador? ¿Por qué es importante esto? Ve Mateo 18.21–35; Lucas 17.3–4; y Colosenses 3.13.

4. ¿Cómo repite 1 Juan 1.5–10 el ejemplo de Jesús y los discípulos?

5. Lee 1 Juan 4.7–21. ¿Cómo se relacionan estos versículos con perdonar y servir? ¿Quién es nuestro modelo a seguir?

PREGÚNTATE

1. Jesús lavó humildemente los pies de hombres que de forma alterna lo siguieron, dudaron de él, lo amaron, y lo traicionaron. Al lavar los pies de los discípulos, Jesús

expresó: «Les he puesto el ejemplo, para que hagan lo mismo que yo he hecho con ustedes». (Juan 13.15 NVI). Piensa en alguien que te haya ofendido o te haya sido desleal. ¿Estás tú dispuesto a servir en amor a esa persona como Jesús lo hizo? ¿Cómo puedes tú «lavarle» los «pies» a esa persona?

2. «La mayoría de la gente mantiene una olla de ira a fuego lento». ¿Te describe esto a ti ahora o en el pasado? ¿Qué te hizo sentir de este modo? ¿Cómo lo solucionaste?

3. ¿Qué les sucede a las personas que continuamente se enfocan en el dolor y la ira que experimentan? Describe el deterioro que ocurre.

4. Jesús estuvo dispuesto a servir a quienes dudaron de él y lo traicionaron. Cuando somos reacios a servir a aquellos que nos han ofendido, ¿qué dice eso acerca de nuestra percepción de nosotros mismos?

5. ¿Hubo en el pasado algún deseo de justicia que te dificultó tu disposición o tu habilidad de perdonar? ¿Cómo ocurrió? ¿Cuál fue el resultado?

6. A medida que has leído este capítulo sobre el perdón y después de haber contestado estas preguntas de estudio, ¿has pensado en alguna persona que necesita que la perdones? ¿Qué harás para deshacerte de la ira que has conservado?

7. ¿Consideras realmente de mayor importancia los pecados que tu cometes, que las ofensas contra tu persona? ¿Qué sucede cuando tú te enfocas en tus propios pecados? ¿Qué ocurre cuando te enfocas en ofensas cometidas contra tu persona?

8. ¿Cómo pueden otros cambiar las perspectivas que tienen, de modo que vean sus propios pecados a la luz de la infalible gracia del Señor?

RECURRE A DIOS

Señor Dios y Padre clemente, te has extendido desde el cielo y has volcado tu perdón sobre mí. Aunque una vez estuve ahogado en medio de mi pecado, ahora estoy flotando en tu misericordia. Siempre que mi «justa» indignación empiece a aparecer, muéstrame por favor mi propio pecado. Permite que tu inconmensurable regalo de gracia reemplace cualquier inclinación de venganza que yo tenga. Recuérdame mi condición desesperada sin ti, a fin de que pueda participar a otros la fabulosa gracia que me has dado. Oro en el nombre de Jesús, amén.

EXPLORA LA VIDA MOLDEADA POR LA GRACIA

Vigila de cerca tus palabras esta semana. Siempre que empieces a quejarte o a rezongar de alguien o de algo, recuérdate que has sido perdonado por un Dios clemente. Pídele que te enseñe a reflejar esa gracia divina en esa relación o situación. Déjate guiar por el Señor, y regocíjate en una actitud compasiva.

>> CAPÍTULO 6

GRACIA AL BORDE DEL MANTO

Cristo, cuando aún éramos débiles, a su tiempo murió por los impíos. Ciertamente, apenas morirá alguno por un justo; con todo, pudiera ser que alguno osara morir por el bueno. Mas Dios muestra su amor para con nosotros, en que siendo aún pecadores, Cristo murió por nosotros.

—ROMANOS 5.6—8

LECTURA DE *GRACIA*

«Gracia es el Señor entrando a nuestro mundo con un destello en los ojos y una oferta difícil de resistir: "Siéntate tranquilo por un rato. Puedo hacer maravillas con este desastre tuyo"».

REVISIÓN BÍBLICA

1. Lee estos versículos relacionados con la redención, y piensa en lo que significan: Éxodo 6.6; Levítico 25.24–25; Salmo 25.22.

2. La figura del pariente-redentor aparece claramente en la historia de Rut. Revisa Rut 2.20; 3.9, 12–13; y 4.14 para conocer a fondo la importancia de ese papel en relación con las mujeres. ¿En qué maneras es Jesús el pariente-redentor para quienes lo siguen? (Lea 1 Corintios 1.30 y 1 Pedro 1.18–19.)

3. ¿Qué dice la Biblia acerca de los redimidos del Señor en Salmo 107.2; Isaías 35.10; e Isaías 62.12?

4. ¿Cómo se celebra la redención en estos pasajes?

    2 Corintios 9.8
    2 Timoteo 2.1
    Tito 3.4–7

5. ¿Qué palabras usan las Escrituras para definir a un redentor? Ve Salmo 18.2 y Salmo 19.14.

PREGÚNTATE

1. ¿Cómo demostraron misericordia y gracia estos personajes?

MISERICORDIA	GRACIA
RUT A NOEMÍ	
NOEMÍ A RUT	
BOOZ A RUT	
RUT A BOOZ	

2. ¿Has presenciado misericordia extendida a alguien? ¿Qué ocurrió? ¿Cómo ha extendido Dios misericordia hacia ti?

3. ¿Has experimentado tú el amor redentor de Cristo? De ser así, ¿cómo?

4. Ante el conocimiento de que todos pecamos y estamos destituidos de la gloria de Dios (Romanos 3.23), ¿qué te asegura tu hogar en el cielo?

5. Max escribe: «Ve a la versión que tu tengas del campo de trigo y ponte a trabajar. Este no es momento para inactividad o desesperación. Quítate la ropa de luto. Asume algunos riesgos; toma la iniciativa». ¿Cuál es tu campo de trigo? ¿Cómo planificas tú seguir el consejo de Max durante los días venideros?

6. Si tú aceptaras realmente la gracia transformadora que Dios te brinda, ¿cuán diferente sería tu vida mañana, el próximo mes, el año entrante? ¿Qué diferencias esperarías ver en tu vida espiritual?

7. La historia de Max sobre el basurero de Gramacho ilustra cómo el Señor toma la basura de nuestras vidas y la convierte

en hermosos monumentos de su gracia. ¿Qué le impulsa al Dios del cielo a socorrer a los quebrantados y desesperados? ¿Has morado tú alguna vez en el Gramacho del espíritu humano? ¿Cómo te rescató Dios?

8. A través de Rut, el Señor produjo las vidas de Obed, Isaí, David, y finalmente de Jesús. ¿Será posible que tu propia vida no tenga que ver solo contigo? ¿Cómo cambiarías tú la perspectiva ante la comprensión de que Dios tiene un propósito más grande para tu vida que solo tú?

RECURRE A DIOS

Padre celestial, ¿he estado atado a la autocompasión? ¿Me he vuelto demasiado cómodo dentro de mi ropa de luto? ¿Estoy reacio a abandonar esos ropajes a fin de poder echar mano de la desconocida bondad de tu gracia? Concédeme valor para tomar la iniciativa e ir tras tu bondad y tu gracia. En el nombre de Jesús oro, amén.

EXPLORA LA VIDA MOLDEADA POR LA GRACIA

Revisa la pregunta 4 en la sección «Pregúntate» del estudio de esta semana. Recuerda que tú eres hijo o hija de Dios, y que estás aquí para cumplir propósitos divinos. A través de la gracia el Señor quiere hacer cosas asombrosas en ti. Escribe todas las razones por las que tú podrías haberte opuesto a la aventura de la gracia de Dios. Ahora con un marcador grueso escribe encima de esas razones: «¡La gracia de Dios me basta!» Coloca el escrito donde tú puedas verlo a menudo, y comprométete a aceptar el llamado de Dios a fin de experimentar esa gracia divina.

>> CAPÍTULO 7

CÓMO PONERTE A CUENTAS CON DIOS

Si afirmamos que no tenemos pecado, nos engañamos
a nosotros mismos y no tenemos la verdad. Si
confesamos nuestros pecados, Dios, que es fiel y justo,
nos los perdonará y nos limpiará de toda maldad.

—1 Juan 1.8–9 NVI

LECTURA DE *GRACIA*

«La confesión es una dependencia radical en la gracia. Una proclama de nuestra confianza en la bondad del Señor. "Reconozco que lo que hice estuvo mal, pero tu gracia es más grande que mi pecado; por tanto, lo confieso". Si nuestra comprensión de la gracia es pequeña, nuestra confesión será escasa: renuente, vacilante, cubierta de excusas y salvedades, llena de temor al castigo. Pero una gracia inmensa crea una confesión sincera».

REVISIÓN BÍBLICA

1. En la Reina Valera 1960, 1 Juan 1.9 afirma: «Si confesamos nuestros pecados, él es fiel y justo para perdonar nuestros pecados, y limpiarnos de toda maldad». ¿Cómo nos libera esta limpieza a fin de poder expandir nuestra relación con Dios y con otros cristianos?

2. Según estos pasajes, ¿qué sucede a la persona que confiesa (o que no confiesa)?

> Levítico 26.40–42
> Job 33.27–28
> Salmo 32.3–5
> Proverbios 28.13
> Hechos 19.18–20
> Santiago 5.16

3. En Salmo 139.23–24, David pide a Dios que le examine el corazón, que trate con él, y que vea si existe algún camino de maldad. ¿Cómo emprende esto un cristiano?

---

4. Revisa Hechos 19.18–20. ¿Cómo demuestra este pasaje la realidad de por qué la confesión es buena para la comunidad?

5. Lee Lucas 18.9–14. ¿Qué nos enseña esta historia acerca de confesar?

PREGÚNTATE

1. Max describe una confesión que es «débil: renuente, vacilante, cubierta de excusas y salvedades, llena de temor al castigo». Piensa en personas que se han disculpado de este modo ante ti. ¿Cómo te hizo sentir esto?

2. ¿Te has disculpado tú o has confesado alguna vez tu pecado ante otra persona de la manera en que se describe arriba? ¿Qué sucedió en tu confesión que la hizo «débil»?

3. ¿Cómo afecta la comprensión que tú tienes de la gracia en cuanto a tu disposición de confesar tus pecados? ¿Cómo te afecta eso...

    emocionalmente?
    intelectualmente?
    relacionalmente?
    en otras maneras?

4. Puesto que Dios ya conoce nuestros pecados, ¿por qué es esencial la confesión?

5. Igual que Li Fuyan, quien sin saberlo tenía alojada la hoja de un cuchillo en el cráneo, todos tenemos heridas profundas dentro de nosotros que nos impiden vivir a plenitud la gracia

de Dios. ¿Hay algo profundamente clavado en tu vida que aún te produce dolor? ¿Qué se necesitaría para sanar esa herida?

6. ¿Estás tú dispuesto a dejar que Dios te aplique gracia en las heridas? ¿Qué deberías hacer tú a fin de permitir que él tenga acceso a los lugares más dolorosos?

7. ¿Crees tú ser más duro contigo mismo de lo que es Dios? ¿O más blando? Considera cuáles son tus exigencias para contigo mismo. ¿Cuáles son las exigencias de Dios?

8. «Autoevaluación sin la guía de Dios lleva a negación o vergüenza», según Max. Explica por qué esto es verdad.

RECURRE A DIOS

En vez de que en esta semana tú recites una oración guiada, aprovecha esta oportunidad para confesarle a Dios algún asunto que te esté controlando la vida... quizás un pecado reciente, o tal vez uno muy antiguo y demasiado conocido. Luego, con corazón agradecido, acepta el perdón del Señor.

EXPLORA LA VIDA MOLDEADA POR LA GRACIA

Después de que haya confesado a Dios lo que él ya sabe, entonces, si es necesario, confiesa el pecado a alguien confiable o a la parte afectada. No pongas excusas ni justifique tus acciones. Simplemente admite que lo que hiciste estuvo mal, pide perdón, y comprométete a dar cabida a Dios a fin de enderezar las cosas.

>> CAPÍTULO 8

TEMOR DESTRONADO

El que tiene misericordia se apiadará de ti; al
oír la voz de tu clamor te responderá.

—Isaías 30.19

LECTURA DE *GRACIA*

«La gracia redentora nos salva de nuestros pecados. La gracia sustentadora se topa con nosotros en nuestro momento de necesidad y nos equipa con valor, sabiduría y fortaleza. Nos sorprende... mediante amplios recursos de fe. La gracia sustentadora no promete ausencia de aflicciones sino la presencia de Dios».

REVISIÓN BÍBLICA

1. ¿Qué tiene que decir Hebreos 13.5 acerca de olvidar que la gracia de Dios es suficiente? ¿Qué puede resultar de eso?
2. Lee los siguientes versículos y observa la riqueza de la gracia y de la misericordia de Dios para con nosotros:

    Romanos 5.1–2
    Romanos 8.32
    Efesios 1.3
    Efesios 2.4–7

3. ¿Cuál fue el mensaje de Cristo acerca de la suficiencia? Lee Mateo 5.6; Juan 4.14; y Juan 6.35.
4. ¿Qué significa «toda gracia» en 2 Corintios 9.8?
5. El apóstol Pablo dice: «Todos ustedes participan conmigo de la gracia que Dios me ha dado» (Filipenses 1.7 NVI). ¿Qué regalos de gracia sustentadora se mencionan en los versículos que siguen a esta declaración (vv. 9–11)?

PREGÚNTATE

1. ¿De qué formas la gracia suficiente de Dios vence el temor en nuestras vidas?

2. ¿Cómo la fe de otra persona te ha motivado a ti a confiar en Dios incluso en medio de momentos difíciles?

3. Pablo nos insta a llevar todas nuestras ansiedades al Calvario. Has una lista de las situaciones que provocan preocupación en ti. Pregúntate para cada aspecto en la lista: ¿Está Jesús a mi lado en esto? Ora Romanos 8.32 en relación a todos estos temores.

4. Ahora has una lista de las maneras en que la gracia de Dios ha sido suficiente para ti el día de ayer, la semana pasada, el mes anterior y el año pasado, etc. Alábalo por concederte fortaleza y no olvidarse de ti.

5. ¿Cuál es la diferencia entre «gracia redentora» y «gracia sustentadora»? ¿Es posible tener la una sin la otra? ¿Dependen de nosotros ambas gracias en alguna forma?

6. ¿Por qué es necesaria la gracia de Dios para vencer nuestras aflicciones? ¿Cómo sería el panorama si Dios tomara acción en nuestras vidas *sin* gracia?

7. ¿Cómo podemos aprovechar a diario la gracia de Dios?

8. ¿Qué desafíos te han hecho dudar de la gracia del Señor? ¿Qué tienes que hacer para recordarte que Dios está en control y que te extiende gracia suficiente?

RECURRE A DIOS

Jesús, a veces me hallo tan abrumado por los problemas de la vida que me olvido de la suficiencia de tu gracia. Me esfuerzo al máximo por idear maneras de solucionar mis problemas en vez de reposar en la esperanza que me brindas. Cada vez que me centre en mis problemas, recuérdame que debo reenfocarme en ti, porque tú eres más grande que mis temores. Oro en tu poderoso nombre, amén.

EXPLORA LA VIDA MOLDEADA POR LA GRACIA

Piensa en un problema que estés enfrentando en este momento. ¿Un hijo rebelde? ¿Una terrible enfermedad? ¿Una cuenta bancaria que no te abastece para todo el mes? Imagina algunas maneras en que Dios podría usar esa situación a fin de hacer más real la gracia para ti. ¿Qué te está mostrando él ahora respecto a ti mismo en medio del dolor de esa situación? ¿Qué podría planear Dios de aquí a seis meses si tú permites que la gracia de él impregne la situación y debilite el control que tú ejerces sobre tal situación? Permítele obrar a fin de que tú puedas descansar.

>> CAPÍTULO 9

CORAZONES GENEROSOS

Poderoso es Dios para hacer que abunde en vosotros toda
gracia, a fin de que, teniendo siempre en todas las cosas
todo lo suficiente, abundéis para toda buena obra.

—2 Corintios 9.8

LECTURA DE *GRACIA*

«El Señor dispensa su bondad no con un gotero sino con un chorro contra incendios. Nuestros corazones son como vasitos de papel y el corazón de Dios es como el mar Mediterráneo. Simplemente no podemos contener por completo la bondad del Señor. Así que dejémosla rebosar. Brotar. Derramarse. "De gracia recibisteis, dad de gracia" (Mateo 10.8)».

REVISIÓN BÍBLICA

1. Lee la historia de Zaqueo en Lucas 19.1–10. ¿Qué ocasionó el cambio en el corazón de este hombre? ¿Cómo manejó Jesús a los murmuradores en la narración?

2. Según el ejemplo de Zaqueo, ¿tiene alguien que hacer buenas obras antes de poder recibir la gracia de Dios? ¿De qué manera recibir la gracia de Dios nos motiva a hacer el bien?

3. ¿Qué promesa hace el Señor a quienes siguen fielmente a Jesús (Mateo 19.27–29)?

4. Según 1 Corintios 13.3, ¿qué resulta de que alguien dé generosamente pero sin amor?

5. Lee estos pasajes, y considera sus implicaciones para hoy: Mateo 6.2–4; Mateo 10.8; Mateo 19.21; Lucas 12.33. En términos prácticos y específicos, ¿qué podrían significar estas instrucciones para ti ahora mismo?

PREGÚNTATE

1. Si tú pudieras ubicarte en la historia de Chrysalis, ¿qué personaje serías? ¿Por qué?

2. ¿Cuál consideras tú que es la relación entre gracia y generosidad? Describe su reacción al ver que la gracia se produce a tu alrededor.

3. Según la definición griega de *surtir* (*epichoregeo*, «guiar una danza»), ¿cuál es la reacción de Dios al extender gracia? ¿Qué revela el regalo de gracia acerca del carácter divino de ese obsequio?

4. Imagínate la escena en el cielo cuando Dios presencia una acción desinteresada de generosidad. ¿Cómo describirías tú ese momento?

5. ¿De qué modo eres tú rico? ¿Tienes mucho tiempo para pasar con otras personas? ¿Puedes preparar una deliciosa comida? ¿Tienes tú el don de dar? Piensas en una manera en que puedes compartir la gracia y los dones que Dios te ha dado. Describe el plan que tú tienes para impartir gracia.

6. ¿Hay alguien en tu vida a quien tú te niegas a perdonar? Si la respuesta es «sí», ¿te anima el perdón de Dios a reconsiderar hacerlo tú también? ¿Qué pasos podrías dar a fin de perdonar a esa persona?

7. Considera si te resiente la bondad del Señor hacia otros. ¿Te quejas tú de la compensación dispareja de Dios?» ¿En qué área eres tú más vulnerable a la envidia o los celos, y cómo puedes combatir esos sentimientos?

8. Considera esta pregunta que Max hace: «¿Cuánto tiempo ha pasado desde que tu generosidad asombró a alguien?»

Además, ¿cuánto tiempo ha pasado desde que tú fuiste generoso en secreto, sin desear alabanza personal o gratitud? ¿Qué podrías hacer esta semana para pasmar a alguien con tu generosidad?

RECURRE A DIOS

Padre celestial: debilita el control que tengo de las cosas de este mundo. Guíame hacia el gozo del dar espontáneo y alegre, y permite que esa generosidad me recuerde siempre tu gracia hacia mí, la cual de ningún modo merezco. Oro en el nombre de tu Hijo, amén.

EXPLORA LA VIDA MOLDEADA POR LA GRACIA

Enumera las cosas que tú haces bien: coser, administrar dinero, cocinar, escuchar, dar, enseñar. Ahora enumera los compromisos que tienes la semana entrante. Encuentra algo que puedas hacer con mayor generosidad esta semana. ¿Llevarás en tu vehículo a alguien más? Ofrecerás encargarte de un turno extra esta semana. ¿Comprarás café camino al trabajo? Comprarás también café para un compañero de trabajo. ¿Te toparás tú con un sirviente demasiado estresado? Permítele un descanso dejándole una propina muy pero muy buena. Pon atención a las luchas que se libran a tu alrededor, y busca una oportunidad de dar libremente como Cristo te ha dado a ti.

›› CAPÍTULO 10

HIJOS ESCOGIDOS

Dios nos escogió en él antes de la creación del mundo,
para que seamos santos y sin mancha delante de
él. En amor nos predestinó para ser adoptados
como hijos suyos por medio de Jesucristo,
según el buen propósito de su voluntad.

—EFESIOS 1.4–5 NVI

LECTURA DE *GRACIA*

«Somos amados por nuestro Creador no porque intentemos agradarle y lo consigamos, o porque fallemos en hacerlo y le pidamos perdón, sino porque él desea ser nuestro Padre».

REVISIÓN BÍBLICA

1. ¿Quiénes dice la Biblia que somos?

   > Juan 1.12
   > Juan 15.15
   > Romanos 8.1
   > 1 Corintios 6.17
   > 1 Corintios 12.27
   > Filipenses 3.20

2. ¿Cómo explica Romanos 8.15–17 nuestros derechos y privilegios como hijos adoptados de Dios?

3. Lee la historia de Jacob en Génesis 32. ¿Por qué le pidió él a Dios que lo bendijera después de que pelearan?

4. Nuestros corazones nos dicen que somos indignos, pero las Escrituras ven las cosas de otro modo. ¿Cómo describe la Biblia el modo en que Dios se siente respecto a nosotros? Empieza leyendo Romanos 8.38–39 y Sofonías 3.17.

5. Gálatas 4.4–7 nos asegura: «Cuando vino el cumplimiento del tiempo, Dios envió a su Hijo, nacido de mujer y nacido bajo la ley, para que redimiese a los que estaban bajo la ley, a fin de que recibiésemos la adopción de hijos. Y por cuanto

sois hijos, Dios envió a vuestros corazones el Espíritu de su Hijo, el cual clama: ¡Abba, Padre! Así que ya no eres esclavo, sino hijo; y si hijo, también heredero de Dios por medio de Cristo». Piensa en el momento que tú comprendiste la adopción dentro del corazón de Dios. Piensa en tu vida desde ese acontecimiento decisivo y en lo que aquello significa para tu futuro.

PREGÚNTATE

1. Entender el amor de Dios por ti está estrechamente relacionado a la propia identidad que tú posees. ¿Quién eres tú? ¿Cómo te describirías tú como persona, como creación de Dios?

2. ¿Has batallado a lo largo de la vida tratando de mostrarle a Dios que tú eres digno de su amor? ¿Cómo puedes soltar esa carga y descansar en el hecho de que Dios te ha escogido y que nunca dejará de considerarte elegido?

3. Todos anhelamos saber que somos importantes. ¿Cómo el regalo divino de gracia responde esta pregunta profundamente arraigada?

4. ¿Cuál es la diferencia entre el proceso de adopción y el de dar a luz? ¿Por qué es importante que Dios diga que nos ha adoptado?

5. Piensa en una forma en que te has sentido amado y aceptado como parte de la familia de Dios. ¿Cómo usarías tú esa experiencia para mostrarles a otros el amor y la aceptación de Dios?

6. ¿Hay alguien en tu mundo que necesite sentir el amor del Padre celestial? ¿Cómo puedes tú participarle ese gran amor?

7. ¿Pides cada día la bendición del Señor? ¿Cómo puedes hacer de esta petición parte de tu tiempo diario a solas con el Padre?

8. El siguiente párrafo está diseñado personalmente para ti. Pon tu nombre en los espacios en blanco, y escucha como si tu mismo Padre celestial te estuviera hablando directamente, solamente a ti. Considera la magnitud de esta declaración:

[Tu nombre], te quiero en mi nuevo reino. He barrido tus agravios, _____, como las nubes de la mañana, he dispersado tus pecados, como la niebla de la mañana. _____, te he redimido. La transacción está sellada; el asunto está resuelto. Yo, Dios, he tomado mi decisión. Te escojo,_____, para que seas por siempre parte de mi familia.

RECURRE A DIOS

Padre celestial: ¡gracias por adoptarme! Por hacerme parte de tu familia en tu hogar eterno. Sin ti me hallaba sin esperanza e indefenso. Sin ti estaba perdido. Pero contigo como mi Padre soy hallado, rescatado, perdonado y amado. Soy tu hijo porque tú quieres ser mi Padre. ¡Acepta mi más profunda alabanza! Oro esto en el nombre de tu Hijo, Jesús, amén.

EXPLORA LA VIDA MOLDEADA POR LA GRACIA

Que la frase «soy hijo(a) de Dios» se convierta en tu lema. Escríbela en una tarjeta, y ponla donde puedas verla todos los días. Cuando tú dudes de tu valía, recuérdate el valor que tienes a los ojos de Dios. Cuando veas sufriendo a otra persona, háblale con valor del amor del Padre. Apoyado en la fe, habla con gozo y confianza.

>> CAPÍTULO 11

EL CIELO: GARANTIZADO

Yo les doy vida eterna; y no perecerán jamás
[por toda la eternidad nada los destruirá],
ni nadie las arrebatará de mi mano.

—JUAN 10.28

LECTURA DE *GRACIA*

«Donde hay conversión verdadera hay salvación eterna. Nuestra tarea es confiar en la capacidad de Dios para invitar a sus hijos a regresar a casa».

REVISIÓN BÍBLICA

1. Según Juan 5.24, ¿qué debe «hacer» alguien para ser salvo?
2. Lee Judas 1 y 1 Pedro 1.3–5. ¿Qué revelan estos pasajes acerca del compromiso y el deseo de Dios de salvarnos?
3. Lee Génesis 39.2–9 y Tito 2.11–12. ¿Qué engendra la gracia de Dios en sus seguidores?
4. ¿Qué quiere Dios que sepamos acerca de nuestra salvación? (Vea 1 Juan 5.13.)
5. Tito 3.7 nos recuerda que nuestra promesa del cielo reposa en Dios, no en nuestras obras: «Para que justificados por su gracia, viniésemos a ser herederos conforme a la esperanza de la vida eterna». ¿Cómo te consuela este versículo cuando tú te preguntas acerca de la eternidad?

PREGÚNTATE

1. Max describe el cántico de gracia que Dios pone «en los corazones de sus hijos... Un cántico de esperanza y vida». En momentos en que tu cántico se sienta débil, ¿qué puedes hacer tú para volver a cantar?
2. ¿Qué perdemos cuando no estamos seguros de nuestra salvación?

3. Cuando Jesús murió, sus discípulos y seguidores fueron esparcidos como ovejas sin pastor. ¿Por qué? ¿Qué aprendemos acerca de Dios a través de las vidas de estos hombres y mujeres?

4. Recuerdas el día en que aceptaste a Cristo como Salvador. ¿Quién estaba allí? ¿Qué recuerdos especiales hicieron que tu corazón «cantara»?

5. En una escala de uno a diez, ¿cuán confiado estás tú de ir al cielo cuando mueras? Si tu respuesta no es diez, ¿qué te hace tambalear la confianza? ¿Qué te preocupa?

6. Max narra la historia de Regina y Bárbara Leininger, quienes siendo niñas fueron tomadas cautivas. Después de años de separación, Regina no reconoció ni a su madre ni a su hermana; sin embargo la muchacha sí recordó la canción que ellas le entonaron. ¿Te inspira esto a entonar el cántico de la gracia de Dios en las vidas de algunos de los hijos rebeldes del Señor a quienes tú conoces? ¿Cómo podrías hacerlo?

7. ¿Cómo se integra la seguridad del cielo dentro de tu vida cotidiana, tu lenguaje, tus acciones y tus decisiones?

8. ¿Cómo explicarías tú tu esperanza de «eternidad» a un incrédulo?

RECURRE A DIOS

Dulce Jesús, no me olvidaste cuando yo me olvidé de ti. Gracias por entonar siempre tu cántico de gracia dentro de mi vida una y otra vez. Dame sabiduría para verte obrar en todas las circunstancias. Oro en tu precioso nombre, amén.

EXPLORA LA VIDA MOLDEADA POR LA GRACIA

¿Se ha alejado de Dios alguien que tú conoces? ¿Cómo puedes tú entonar el cántico de la gracia divina en la vida de esa persona? Piensa en tres ideas específicas y escríbelas aquí.

>> CONCLUSIÓN

CUANDO LA GRACIA OCURRE

Tú serás transformado de adentro hacia
fuera... Dios saca lo mejor de ti, y te
desarrolla madurez bien conformada.

—ROMANOS 12.2

LECTURA DE *GRACIA*

«Gracia. Deja que ella, deja que el Señor, se filtren de tal modo en las crujientes grietas de tu vida, que lo suavicen todo. Luego permite que ella, permite que él, rebosen en la superficie, como un manantial en el Sahara, en palabras de bondad y acciones de generosidad. Dios te cambiará a ti, amigo lector. Tú eres un trofeo de bondad divina, un partícipe de la misión del Señor. No perfecto por ningún medio sino más cerca de la perfección de lo que alguna vez hayas estado. Cada vez más fuerte, gradualmente mejor, sin duda más cerca».

REVISIÓN BÍBLICA

1. Lee Romanos 3.21–26 en la Nueva Versión Internacional. Considera este pasaje como tu declaración personal de fe. ¿Qué significan para ti las palabras clave de estos versículos?

   justificados
   redención
   sacrificio
   expiación
   fe

2. «De modo que si alguno está en Cristo, nueva criatura es; las cosas viejas pasaron; he aquí todas son hechas nuevas» (2 Corintios 5.17). ¿Qué papel juega la gracia para hacer que esto ocurra?

3. Pablo pregunta: «¿Quién nos separará del amor de Cristo?» (Romanos 8.35). Revisa la lista del apóstol en ese versículo y otra vez en los vv. 38–39. ¿Cubre esta lista los asuntos que lo atormentan?

4. Nuevamente en el contexto de la enseñanza de Max acerca de la gracia, ¿cómo explicarías tú la frase «somos más que vencedores» en Romanos 8.37?

5. Lee Romanos 5.1–11. ¿Cuál es nuestra esperanza? Cuando Pablo menciona «compartiremos» en el v. 2 (TLA), ¿a qué se está refiriendo?

PREGÚNTATE

1. Considera aquellos personajes bíblicos que caminaron de cerca con Cristo. ¿Exhiben vidas de gracia compartida las historias de esas personas? ¿Quiénes lo hicieron? ¿Quiénes no?

2. Al haber estudiado la gracia durante doce semanas, ¿qué nuevas perspectivas has descubierto tú? ¿Sientes un cambio en tu vida, la conformación de la gracia llevándose a cabo? ¿De qué formas?

3. ¿De qué manera la interacción que tú tienes con aquellos en tu mundo (familiares, vecinos, compañeros de trabajo, extraños) ha cambiado la realidad de comprender más profundamente la gracia?

4. ¿Hay alguna área en tu vida respecto a la que tú aún debes confiar más en la gracia de Dios? ¿Por qué es difícil confiar en la gracia en esta área?

5. ¿Cómo puede la gracia producir sanidad en vidas destruidas? ¿Cómo ha traído la gracia sanidad en tu vida?

6. ¿Cómo un enfoque conformado por la gracia nos equipa para soportar los desafíos más sombríos? ¿Has presenciado este enfoque en la vida de alguien que tú conoces?

7. Describe la relación entre el don divino de gracia y nuestra esperanza eterna.

8. En la primera semana hicimos las preguntas que siguen a continuación. Repásalas ahora. Compara tus respuestas de hoy con las de la semana uno. Considera cómo Dios ha obrado en tu vida durante este estudio.

¿Te ha cambiado la gracia?

¿Te ha moldeado?

¿Te ha fortalecido?

¿Te ha inspirado?

¿Te ha enternecido?

¿Te ha agarrado por el cogote y te ha impactado?

RECURRE A DIOS

Padre celestial, Dios santo, muchísimas gracias por tu regalo de gracia. No pasa un día en que yo no necesite más de tu interminable suministro de gracia. Recuérdame tu bondad una y otra vez para poder vivir en la plenitud de tu gracia. Concédeme el regalo de poder ser un trofeo de tu bondad en todo lo que hago cada día, y así otros tendrán que ver y aceptar tu incomparable regalo de gracia. Oro en el nombre de Jesús, amén.

EXPLÓRA LA VIDA MOLDEADA POR LA GRACIA

A medida que tú continúes desarrollando una vida conformada por la gracia, comprométete cada día a invertir gracia en todo lo que hagas: tus decisiones, tus palabras, tus relaciones. ¡Piensa diariamente en maneras de asegurar que la gracia se produzca dondequiera que tú te encuentres!

NOTAS

CAPÍTULO 1: LA VIDA MOLDEADA POR LA GRACIA

1. Mi amigo difunto Tim Hansel dijo algo parecido en su libro *You Gotta Keep Dancin'* (Elgin, IL: David C. Cook, 1985), p. 107.
2. Ver también Juan 14.20; Romanos 8.10; Gálatas 2.20
3. Todd y Tara Storch, padres de Taylor y fundadores de Taylor's Gift Foundation (www.TaylorsGift.org), cuentan la continua historia de su viaje de vida llena de regalos, de renovada salud y de familias restauradas en su libro *Taylor's Gift: A Courageous Story of Life, Loss, and Unexpected Blessings* (con Jennifer Schuchmann, en 2013 de Revell Books, una división de Baker Publishing Group).
4. Bruce Demarest, *The Cross and Salvation: The Doctrine of Salvation* (Wheaton, IL: Crossway Books, 1997), p. 289.

CAPÍTULO 2: EL DIOS QUE SE INCLINA

1. Jim Reimann, *Victor Hugo's Les Misérables* (Nashville: Word Publishing, 2001), p. 16.
2. Ibíd., pp. 29–31.

CAPÍTULO 5: PIES MOJADOS

1. David Jeremiah, *Captured by Grace: No One Is Beyond the Reach of a Loving God* (Nashville: Thomas Nelson, 2006), pp. 9–10.

2. Dave Stone, "Ten Years Later: Love Prevails", sermón en Southeast Christian Church, Louisville, KY, 11 septiembre 2011, www.southeastchristian.org/default.aspx?page=3476&project=107253.

3. Jeremiah, *Captured by Grace*, p. 11.

4. Robin Finn, "Pushing Past the Trauma to Forgiveness", *New York Times*, 28 octubre 2005, www.nytimes.com/2005/10/28/nyregion/28lives.html.

5. Jonathan Lemire, "Victoria Ruvolo, Who Was Hit by Turkey Nearly 6 Years Ago, Forgives Teens for Terrible Prank", *New York Daily News*, 7 noviembre 2010, http://articles.nydailynews.com/2010-11-07/local/27080547_1_victoria-ruvolo-ryan-cushing-forgives.

6. Ibíd.

7. "Amish Forgiveness", Halfway to Heaven, 17 abril 2010, www.halfwaytoheaven.org.uk/index.php?option=com_content&view=article&id=449:amish-forgiveness&catid=13:no-book&Itemid=17.

CAPÍTULO 6: GRACIA AL BORDE DEL MANTO

1. 2 Samuel 12.20; ver también Daniel I. Block, *The New American Commentary, vol. 6, Judges, Ruth* (Nashville: B&H Publishing, 1999), p. 684.

2. "Recolectores de basura en Río de Janeiro realizan un proyecto artístico", Street News Service, 2 mayo 2011, http://es.streetnewsservice.org/noticias/2011/may/feed-278/recolectores-de-basura-en-r%C3%ADo-de-janeiro-realizan-un-proyecto-art%C3%ADstico.aspx.

CAPÍTULO 7: CÓMO PONERTE A CUENTAS CON DIOS

1. "Vivió cuatro años con cuchillo oxidado dentro de su cabeza", AOL News, 18 febrero 2011, http://noticias.aollatino.com/2011/02/18/cuatro-anos-cuchillo-cabeza/.

CAPÍTULO 8: TEMOR DESTRONADO

1. John Newton, "Sublime Gracia", http://www.cuttingedge.org/sp/p283. htm.
2. Josiah Bull, *"But Now I See": The Life of John Newton* (Carlisle, PA: Banner of Truth Trust, 1998), p. 304, citado en David Jeremiah, *Captured by Grace*, p. 143.

CAPÍTULO 9: CORAZONES GENEROSOS

1. Michael Quintanilla, "Angel Gives Dying Father Wedding Moment", *San Antonio Express-News*, 14 diciembre 2010. Usado con permiso de Chrysalis Autry.
2. Eugene Peterson, *Traveling Light: Modern Meditations on St. Paul's Letter of Freedom* (Colorado Springs, CO: Helmers and Howard, 1988), p. 91.

CAPÍTULO 10: HIJOS ESCOGIDOS

1. La cita de *Orphan Train* acerca de Lee Nailling se reproduce con permiso de Guideposts Books, Guideposts.org. © 1991 por Guideposts. Todos los derechos reservados. ShopGuideposts.com.

CAPÍTULO 11: EL CIELO: GARANTIZADO

1. Tracy Leininger Craven, *Alone, Yet Not Alone* (San Antonio, TX: His Seasons, 2001), p. 19.
2. Ibíd., pp. 29–31, 42, 153–54, 176, 190–97.
3. Judas es un ejemplo de alguien que pareció haber sido salvado pero que en realidad no lo fue. Siguió a Cristo durante tres años. Mientras los otros se volvían apóstoles, él se convertía en una herramienta de Satanás. Cuando Jesús expresó: «Vosotros limpios estáis, aunque no todos» (Juan 13.10), se refería a Judas, quien estaba poseído por una falsa fe. El pecado persistente puede delatar la falta de creencia en Dios.

ACERCA DEL AUTOR

Con más de 100 millones de productos impresos, Max Lucado es uno de los autores más leídos de Estados Unidos de América. Sirve a la iglesia Oak Hills en San Antonio, Texas, donde vive con su esposa, Denalyn, y su dulce aunque travieso perro, Andy.

La guía del lector de Lucado

Descubre... dentro de cada libro por Max Lucado, vas a encontrar palabras de aliento e inspiración que te llevarán a una experiencia más profunda con Jesús y encontrarás tesoros para andar con Dios. ¿Qué vas a descubrir?

3:16, Los números de la esperanza

...las 28 palabras que te pueden cambiar la vida.

Escritura central: Juan 3.16

Acércate sediento

...cómo rehidratar tu corazón y sumergirte en el pozo del amor de Dios.

Escritura central: Juan 7.37–38

Aligere su equipaje

...el poder de dejar las cargas que nunca debiste cargar.

Escritura central: Salmo 23

Aplauso del cielo

...el secreto a una vida que verdaderamente satisface.

Escritura central: Las Bienaventuranzas, Mateo 5.1–10

Como Jesús

...una vida libre de la culpa, el miedo y la ansiedad.

Escritura central: Efesios 4.23–24

Cuando Cristo venga

...por qué lo mejor está por venir.

Escritura central: 1 Corintios 15.23

Cuando Dios susurra tu nombre

...el camino a la esperanza al saber que Dios te conoce, que nunca se olvida de ti y que le

importan los detalles de tu vida.

Escritura central: Juan 10.3

Cura para la vida común

...las cosas únicas para las cuales Dios te diseñó para que hicieras en tu vida.

Escritura central: 1 Corintios 12.7

Él escogió los clavos

...un amor tan profundo que escogió la muerte en una cruz tan solo para ganar tu corazón.

Escritura central: 1 Pedro 1.18–20

El trueno apacible

...el Dios que hará lo que se requiera para llevar a sus hijos de regreso a él.

Escritura central: Salmo 81.7

En el ojo de la tormenta

...la paz durante las tormentas de tu vida.

Escritura central: Juan 6

En manos de la gracia

...el regalo mayor de todos, la gracia de Dios.

Escritura central: Romanos

Enfrente a sus gigantes

...cuando Dios está de tu parte, ningún desafío puede más.

Escritura central: 1 y 2 Samuel

Gran día cada día

...cómo vivir con propósito te ayudará a confiar más y

experimentar menos estrés.

Escritura central: Salmo 118.24

La gran casa de Dios

...un plano para la paz, el gozo y el amor que se encuentra en el Padre Nuestro.

Escritura central: El Padre Nuestro, Mateo 6.9–13

Más allá de tu vida

...un Dios grande te creó para que hicieras cosas grandes.

Escritura central: Hechos 1

Mi Salvador y vecino

...un Dios que caminó las pruebas más difíciles de la vida y todavía te acompaña en las tuyas.

Escritura central: Mateo 16.13–16

Sin temor

...cómo la fe es el antídoto al temor en tu vida.

Escritura central: Juan 14.1, 3

Todavía remueve piedras

...el Dios que todavía obra lo imposible en tu vida.

Escritura central: Mateo 12.20

Un amor que puedes compartir

...cómo vivir amado te libera para que ames a otros.

Escritura central: 1 Corintios 13

Lecturas recomendadas si estás luchando con...

EL TEMOR Y LA PREOCUPACIÓN

Acércate sediento

Aligere su equipaje

Mi Salvador y vecino

Sin temor

EL DESÁNIMO

Mi Salvador y vecino

Todavía remueve piedras

LA MUERTE DE UN SER QUERIDO

Aligere su equipaje

Cuando Cristo venga

Cuando Dios susurra tu nombre

Mi Salvador y vecino

LA CULPA

Como Jesús

En manos de la gracia

EL PECADO

Él escogió los clavos

Enfrente a sus gigantes

EL AGOTAMIENTO

Cuando Dios susurra tu nombre

Lecturas recomendadas si quieres saber más acerca de...

LA CRUZ

Él escogió los clavos

LA GRACIA

Él escogió los clavos

En manos de la gracia

EL CIELO

El aplauso del cielo

Cuando Cristo venga

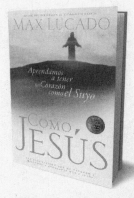

Lecturas recomendadas si estás buscando más...

CONSUELO
Aligere su equipaje
Él escogió los clavos
Mi Salvador y vecino

GOZO
Aplauso del cielo
Cuando Dios susurra tu nombre
Cura para la vida común

PAZ
Aligere su equipaje
En el ojo de la tormenta
La gran casa de Dios

COMPASIÓN
Más allá de tu vida

SATISFACCIÓN
Acércate sediento
Cura para la vida común
Gran día cada día

VALOR
Enfrente a sus gigantes
Sin temor

CONFIANZA
Mi Salvador y vecino
El trueno apacible

ESPERANZA
3:16, Los números de la esperanza
El trueno apacible
Enfrente a sus gigantes

AMOR
Acércate sediento
Un amor que puedes compartir

¡Los libros de Max Lucado son regalos espectaculares!

Si te estás acercando a una ocasión especial,
considera uno de estos.

PARA ADULTOS:
Gracia para todo momento
Un cafecito con Max

PARA NIÑOS:
El corderito tullido
Hermie, una oruga común
Por si lo querías saber

PARA LA NAVIDAD:
El corderito tullido
Dios se acercó

Herramientas para tu iglesia
o tu grupo pequeño

GRACIA Estudio en DVD que incluye la Guía del líder y la del participante
9781602558250 | $39.99

Acompaña a Max Lucado a lo largo de siete sesiones en DVD ideales para estudio en grupos pequeños.

GRACIA guía del participante
9781602558267 | $9.99

Llena de estudio de la Escritura, preguntas generadoras e ideas prácticas diseñadas para llevar a los miembros del grupo a una comprensión y aplicación más profunda de la gracia, esta guía forma parte integral del estudio de grupos pequeños de *Gracia*.

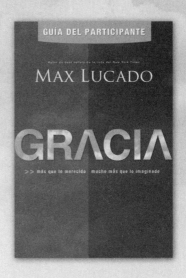

GRACIA, libro electrónico
9781602558274 | $9.99

¡Acceso al mismo contenido del libro de *Gracia* en forma electrónica!

Si te gustó GRACIA, no te pierdas de
Sin temor: Imagina tu vida sin preocupación

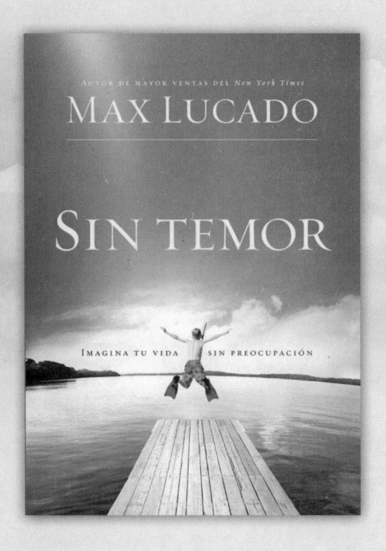